U0455604

〔明〕錢德洪 編述 王畿 補輯 羅洪先 删正
向輝 彭啓彬 點校

陽明先生年譜

天真書院本

北京燕山出版社

本書爲北京市優秀古籍整理出版扶持項目

陽明先生年譜卷之一　　天真書院版

門人餘姚錢德洪編述

山陰王畿補輯

後學吉水羅洪先刪正

滁上胡松

江陵陳大賓

揭陽黄國卿校正

漳浦王健校刻

先生諱守仁字伯安姓王氏其先出自晉光禄大夫覽本瑯琊人至曾孫右軍將軍羲之徙居山陰其後二十三世曰廸功郎壽者自達溪徙餘姚遂世爲餘姚人壽五

天真書院本書影

陽明先生年譜上卷

門人錢德洪編次

後學羅洪先考訂

先生諱守仁字伯安姓王氏其先出晉光
祿大夫覽之裔本瑯琊人至曾孫右軍將
軍羲之徙居山陰又二十三世迪功郎壽
自達溪徙餘姚今遂爲餘姚人壽五世孫
綱善鑑人有文武才
國初誠意伯劉伯溫薦爲兵部郎中擢廣東
參議死苗難子彥達綴羊革裹尸歸是爲
先生五世祖御史郭純上其事於
朝廟祀增城彥達號秘湖漁隱生高祖諱與準
精禮易嘗著易微數千言永樂間
朝廷舉遺逸不起號遁石翁曾祖諱世傑人呼
爲槐里子以明經貢大學卒祖諱天敘號
竹軒魏瀚嘗立傳敘其環堵蕭然雅
歌豪吟胸次灑落方之陶靖節林和靖所

毛汝麒本書影

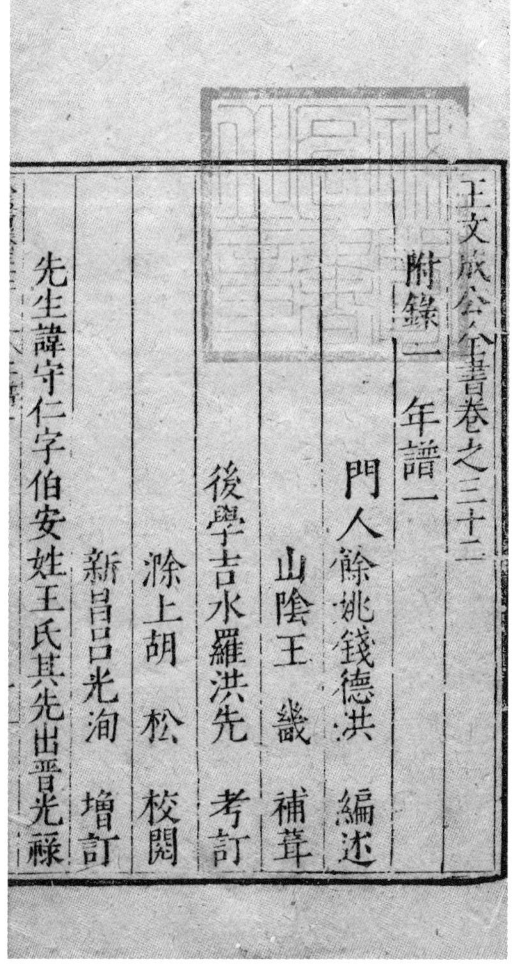

王文成公全書卷之三十二

附録一 年譜一

門人餘姚錢德洪 編述

山陰王畿 補葺

後學吉水羅洪先 考訂

滁上胡松 校閱

新昌呂光洵 增訂

先生諱守仁字伯安姓王氏其先出晋光祿

王文成公全書本書影

整理説明

陽明先生年譜是陽明學的基本文獻，在存世的古文獻中，林林總總的陽明年譜有三十多種，其中以王文成公全書所附録的版本流行最廣，影響最大。據全書本年譜附録記載，陽明逝世不久，門人薛侃首倡年譜編輯事宜，參與者有同門鄒守益、錢德洪、歐陽德、王畿等人。最初計劃，各人分年分地，收集遺言遺事，編成草稿，由鄒守益總裁删訂。編纂年譜并非易事，自倡議之後過了二十多年，陽明先生文録、傳習續録等相繼問世，而年譜始終未能成稿。眼看同門零落殆盡，鄒守益等感慨必須另覓新法，故與錢德洪商議，改變原來的編輯方案，由錢德洪一力完成書稿。

錢德洪（一四九七—一五七四），本名錢寬，字德洪，因避先世諱，以字行，并改字洪甫，浙江餘姚人。錢德洪與陽明同鄉，早年聞陽明講學江右，思及門請益而未果。正德十六年九月，陽明歸餘姚掃墓，錢德洪率其姪大經、應揚等人，因陽明之姪王正心通贄請見，遂師事陽明。嘉靖初年，陽明在越，錢德洪「自歸省外，無日不侍左右」。陽明去世以後，錢德洪先後編訂了陽明先生詩録、陽明先生文録、文録續編、傳習續録、增刻朱子晚年定論等重要文獻，豐富的文獻編纂經驗使他成爲編訂年譜稿的最佳人選。

在最初的編輯分工中，錢德洪只負責陽明始生至謫龍場一段。嘉靖二十九年，錢德洪在溧陽（今屬常州）嘉義書院完成草稿。十年後，鄒守益致書催促，謂「同志注念師譜者，今多爲隔世人矣。後死者寧無懼乎？譜接龍場，以續其後，修飾之役，吾其任之」。嘉靖四十一年上半年，年譜稿初步告竣。年底，錢德洪携稿訪鄒守益，行至南昌（鄒爲江西安福人），得知鄒已於十一月十日逝世。錢德洪與胡松前往吊唁，便道訪問羅洪先，相約共同考訂年譜。

江右王門是陽明學的重要支流，黄宗羲説「姚江之學，惟江右爲得其傳」。

在江西衆多陽明學者中，「私淑而有得者」，以羅洪先爲最。羅洪先（一五〇四—一五六四），字達夫，號念庵，江西吉水人。正德十二年，陽明巡撫南贛，羅洪先有志及門問業，因父母愛護不讓出門，故終身止稱後學。嘉靖二十七年六月底，王畿、錢德洪、鄒守益、羅洪先等人大會於吉安青原山，論及年譜，曾以「丁丑以後五年」，即正德十二年至十六年，陽明巡撫南贛至平定寧王宸濠叛亂事，囑羅洪先編次考訂。或謂羅洪先雖未完成此段年譜的草稿，但已經收集了大量年譜資料。

嘉靖四十一年底，與羅洪先分別之後，錢德洪取道省城，準備在南昌完成年譜的編輯工作。但省城同志太多，迎來送往，很多應酬，因避往上饒懷玉書院。四十二年初，年譜草稿略就，同時寫寄羅洪先刪改校正。羅洪先得稿後，「手自批校，三四易稿」，對原稿中敘事性的修辭大加删改，又增録了若干引文以及傳聞。錢德洪完成年譜稿以後，回到杭州天真書院，又與陳大賓、黄國卿等人就原稿進行校正，定稿爲七卷本并刊刻行世。大約同時，羅洪先删訂的三卷本，由胡松、陸穩、毛汝麒等人刊於江西贛州。天真本、贛州本刊刻時，都有急就之意。天真本在刊刻期間，校正者之一黄國卿逝世；贛州本資助人胡松因調任即將離開江西，要求刻期入梓，因爲時間倉促，兩本中都有删改失當以及疏於讎校之處。當時錢、羅二人皆老邁，校訂工作千頭萬緒，或有弟子輩代斫者。

天真本、贛州本同出一源，即錢德洪在懷玉書院完成的年譜稿。最終刊行的版本出入頗大，主要原因與主事者有關。今存錢德洪、羅洪先論年譜書信十餘通（見鳳凰出版社羅洪先集卷六以及中華書局王文成公全書卷三十六），顯示二人在修辭原則以及對某些史實的處理等方面皆有分歧。其中頭緒較多，以下僅述其大略。

年譜定稿時，陽明去世已三十多年，而陽明學正蓬勃發展。江西青原山、懷玉書院、杭州天真書院等地，每一大會，與會學者多達上百人。受當時學術形勢的影響，錢德洪編纂的年譜稿中有「鋪序」「文飾」（羅洪先語）之處。如正德十四年擒獲宸濠條，在引龍光述行間事之後，錢德洪「憮然自嘆曰：（中略）此聖學之全功，三王之遺智也」云云。又正德十五年「正月居贛」條，錢德洪述陽明處權竪事，文末讚歎陽明：「（前略）守正而不屈，旁行而不流，出入變化，妙應無迹，而奸黨終不敢逞，身亦免難。三代以下，證聖學之全功，徵矣哉」云云。類似的修辭，羅洪先以爲大可不必。他認爲，陽明功業昭著，後人自有題評，而其學術則「待人自入」。他舉象山年譜爲例，謂「每見友人於門生推尊處，輒有厭心」；又引唐順之語，説：「萬世人眼毒，瞞得誰過？」故他主導刊刻的贛州本「微涉揚詡，不敢存一字」。

天真本有部分辯證學術的修辭，也爲羅洪先所不取。如正德四年，陽明始論「知行合一」。錢德洪總結陽明的意思，説「先生以晦庵分知行爲進學之次第，先之以格致而於知無不明，然後實之以誠正而於行無所繆。是使學者影響測憶以求知，而不知性體有自然之明覺也；拘執固滯以爲行，而不知性體有自然之感應也」。又正德十三年七月，刻古本大學，錢德洪説：「先生在龍場時，疑朱子大學章句非聖門本旨，手録古本，伏讀精思，始信聖人之學，本簡易明白」云云。以上兩條，都包含了對朱子的批評。尤其是第一條，截取陽明語録，但意思有變。所謂「先之以格致」、「然後實之以誠正」云云，語出陽明答徐成之書，而陽明在原書中明確説：「世之學者掛一漏萬，求之愈繁而失之愈遠，（中略）此乃後世學者之弊，而當時晦庵之自爲，則亦豈至是乎？」是天真本本欲推尊陽明而反失陽明之意。羅洪先删此二條，於第一條代以徐愛録知行答問語（後徐愛因未會先生知行合一之訓云云），於第二條則删存大學古本序，皆較天真本爲平實。

此外，羅洪先認爲年譜稿中列舉門人姓字「太濫」，有「不必强入」者。他尤其致疑於舒芬稱門生一事，他舉舒芬書信以及贈詩爲證，以爲舒芬稱門生，乃僚屬之常稱，非必服膺陽明之學也。錢德洪對此略有辯論。今檢天真本正德十五年九月述舒芬稱弟子條，共百餘字，贛州本無，可見雙方没有達成一致的意見。與此相似，則有聶豹稱門人事。天真本於嘉靖五年，大字特書「八月，答門人聶豹書」，以下引陽明書信。據年譜記載，聶豹稱門人在陽明殁後，是「門人」二字或有誇飾之嫌。贛州本於此僅作「八月。聶豹以御史巡按福建，渡錢塘來見先生。別後致書」云云。

羅洪先在通信中還指出了年譜稿某些可疑之處。如正德十五年，年譜稿記陽明「正月在贛」，「九月始返南昌」。羅洪先以爲此「非巡撫所宜」，乃考開先寺刻石以及陽明詩文，訂作「正月赴召」，「二月，如九江，還南昌」，「六月如贛」，「九月」，又「還南昌」。從天真本來看，羅洪先的意見没有被盡數採納，此或錢德洪自有定見，故不爲所移；又或天真本定稿之時，事經衆手，非錢氏一人所能定。

陽明一生的思想經歷了多次轉變，年譜對於某些關鍵環節以及重要論述皆有提示。羅洪先在通信中説：「於目中諸書揭標，令人觸目，亦是提醒人處，入梓日以白黑地別之。」他特别指出：「如舉良知之説，皆可揭標於目中。」今檢二本，標注大體一致，然亦不完全相同。如弘治二年下標「是年，先生有志聖學」；又十年下標「是年，先生學兵法」；十一年下標「是年，先生聞養生之術」，凡此數條，二本大體相同。其不同之處，如嘉靖三年下，天真本標「舒柏有敬畏累洒落之問、劉侯有入山養靜之問」、「論聖賢之學無妨于舉業」，又於四年下標「答顧東橋璘書」，此數條，贛州本皆無標注。在標注形式上，天真本於各要目皆黑底白字，頗爲醒目，而贛州本僅在諸字之外加一邊框。

天真本、贛州本有大量修辭細節上的差異，異文多達上千條。大體而言，贛州本修辭較爲簡練。贛州本輯録遺言遺事三十餘條，其中有很多珍貴的記録。如弘治十四年陽明就道者蔡蓬頭問仙術、於地藏洞訪異人；正德十二年十月，陽明與謝志珊問答語；正德十三年九月，修濂溪書院，「設酒食以勞諸生」等事，皆僅見於贛州本。對這些遺言遺事的收集整理，是羅洪先對陽明學的重要貢獻。

陽明生平功業多在江西，江西地區有很多關於陽明的傳聞。天真本、贛州本年譜中有明顯傳聞異辭的例子。如正德十三年正月，陽明誘擒池大鬢事，天真本節略浰頭捷音疏敘其始末，與贛州本出入較大。贛州本在敘述該事之後，説「給仲容事，難顯言，故上捷之辭稍異」。羅洪先在通信中説及此事，認爲「行事與告君，各有體段，盡從奏議，翻作誑矣」。又説「先生事業，莫微妙於破三浰，莫危於擒宸濠，故委曲描寫，以動人之思」。贛州本敘破三浰事比較生動，後來被馮夢龍採入講史小説皇明大儒陽明先生靖亂録。又敘擒宸濠始末，贛州本據龍光之言與羅洪先所親聞者，增補有關記録數十條。凡此種種，傳聞異辭，未必盡爲可信，但出當事者口述，亦有特殊的價值。

天真本、贛州本以及全書本年譜有密切的源流關係。如記陽明始生事，天真本作：「**皇明 憲宗 成化八年壬辰，九月丁亥，先生生。**九月三十日丁亥，太夫人鄭娠彌十四月，祖母岑夢神人衣緋玉雲中鼓吹，送兒授岑，岑驚寤，已聞啼聲。祖竹軒公異之，即以雲名。鄉人傳其夢，指所生樓曰瑞雲樓。」

贛州本作：「**明憲宗成化八年壬辰，九月丁亥，先生生。**是爲九月三十日，太夫人鄭娠十四月，祖母岑夢神人衣緋玉雲中鼓吹送兒，驚寤，已聞啼聲。祖竹軒翁異之，以雲名。鄉人指所生樓曰瑞雲。」

全書本作：「**憲宗成化八年壬辰，九月丁亥，先生生。**是爲九月三十日，太夫人鄭娠十四月，祖母岑夢神人衣緋玉雲中鼓吹，送兒授岑，岑驚寤，已聞啼聲。祖竹軒公異之，即以雲名，鄉人傳其夢，指所生樓曰瑞雲樓。」

雖然不能確定天真本與嘉靖四十二年上半年在懷玉書院完成的草稿有多大的出入，但就此兩條而言，可以斷定贛州本據天真本底稿删訂而成。如删句首「皇」字，又删「丁亥」二字（因其與綱中「丁亥」二字重複），又删「彌」字（删字之後意思不變），删「授岑岑」、「即」、「傳其夢」、「樓」等字，增「是爲」二字，又改「公」爲「翁」。全書本删「丁亥」二字，删「彌」字，增「是爲」二字，皆同贛州本（贛州本删字的理由較爲充足），其他則同天真本（或取其文義縝密，敘述飽滿）。全書本又删句首「明」

字，可見當時雖然汲二本之長，但辭尚簡要，仍是基本原則。

全書本年譜據天真本、贛州本删訂，不免沿襲之累。如正德六年十月，湛甘泉奉使安南，陽明作別湛甘泉序，文中有「吾與甘泉友，意之所在，不言而會，論之所及，不約而同，期於斯道，斃而後已者」數語。年譜引此數句，天真本與原文同，贛州本大概覺得句末「者」字在語法上較爲奇特，因而改「友」爲「有」，整句成爲古漢語中「有……者」這樣常見的句式。全書本與贛州本同，雖無大誤，但不是嚴格的引文原則。同篇引文全書本有誤字，如「顧一二同志之外，莫予翼也」，全書本「翼」訛作「冀」；又篇末「習俗之降愈下而益不可回」，全書本「益」訛作「抑」。通行本中此二例多未能改正，而贛州本、天真本皆不誤，可據以校正。

全書本有删改之後影響文義的例子。如正德十二年九月，陽明提督南贛軍務。天真本作：「**九月，提督南、贛、汀、漳軍務。**虔鎮舊止以巡撫莅之，至周南曾請旗牌，隨繳還。至是先生復以請，遂有提督之命，是後因之不復更。其請旗牌疏曰」云云。

贛州本作：「**九月，改授提督南、贛、汀、漳等處軍務，給旗牌，得便宜行事。**南贛舊以巡撫蒞之，至周公南嘗請旗牌，事畢繳還，不爲定制。至是先生疏請，遂有提督之命，後不復更，乃上疏換勅謝恩。勅諭有曰」云云。

全書本作：「**九月，改授提督南、贛、汀、漳等處軍務，給旗牌，得便宜行事。**南贛舊止以巡撫蒞之，至都御史周南曾請旗牌，事畢繳還，不爲定制。至是先生疏請，遂有提督之命，後不復更。疏以我國家有罰典」云云。

三本之間因襲之迹頗爲明顯。天真本「曾請旗牌」四字，贛州本「曾」作「嘗」，這是訓詁式的改讀，意思不變。但全書本除郭朝賓本以外，通行四部叢刊本以及四庫本，「曾」皆訛作「會」。文中「後不復更」，是説前此南贛止有巡撫，而自陽明疏請之後，南贛巡撫始兼提督軍務事。此在天真本、贛州本皆無可疑，而全書本删改之後，意思不如原本明確。今通行的整理本，「更」字多讀屬下句，既失原文之意，於史實亦誤。「會」字之訛，通行本亦多未改正。

同樣的例子又見正德十四年拔南昌條下。天真本「衆議以爲安慶被圍勢急，宜引兵赴之」，贛州本删「以爲」二字，又改「勢」爲「甚」，改「赴」爲「捄」，全書本斟酌於二本之間，改作「衆以安慶被圍急，宜引兵赴之」。文句更加簡練，源流既明之後，句讀毫無歧義。但從民國到現在的整理本，多以「急」字讀屬下句。全譜中這樣的例子很多，若非用三本詳爲比勘，若干疑似之處亦不易辨析。

天真本、贛州本年譜是陽明先生年譜的最早版本，其中保留了陽明生平學術的若干細節，也保留了陽明學人對於師説的不同見解，具有重要的版本價值和史料價值。隆慶六年彙編全書之時，吕光新、吕光洵負責年譜的删訂工作。删訂之後的版本雖較原本整飭，但也因襲了二本的不足之處。時至今日，若考鏡源流，校正訛繆，天真本、贛州本缺一不可。在當代的陽明學研究中，因爲天真本極爲罕見，而贛州本有影印本便於獲取，常常被誤認爲是全書本年譜在删訂時唯一的底本依據，造成了一些不必要的誤解。這也是天真本、贛州本年譜亟待整理的原因之一。

從天真本、贛州本到全書本，陽明年譜呈現出清晰的源流特徵。鑒於各書有助於廓清當代陽明文獻研究中某些錯誤的認識，編者等人將天真本、贛州本合并整理爲陽明先生年譜兩種。本書所據天真本爲日本名古屋市蓬左文庫藏書，這是目前所見到的該書唯一的存世版本。本書所用的贛州本，今藏中國國家圖書館。在整理過程中，我們遵照通行的古籍整理原則，對部分異體字作了統一處理。對於原文的疑似之處，則用三本相互校正。本書所據全書爲隆慶六年郭朝賓本王文成公全書，年譜見原書卷三十二、三十三、三十四，共三卷。需要特別説明的是，年譜中的敘事多以陽明的奏疏、書信等原始文獻爲依據，從原始文獻到天真本以及贛州本，其中有很多删改的痕迹，年譜中的引文與原文也多有出入。這些因爲删改造成的異文，以及引文中的異文，有些是有意的節略和改訂，但也有脱漏導致文義不足，甚至删改失當的例子，有時候兩者的界限也不能十分確定。這給整理工作增加了一些困難。本書以底本爲主，只在底本明顯有誤（當然也免不了編者的主觀判斷）的情况下，才根據其他文獻進行校正。對於底本中删改失當以及脱漏導致文義不足之處，本書僅出校存異而并不補字。陽明年譜中有一些不確實，甚至錯誤的記録，自清代以來，學者多有考辨。本書僅限於文獻整理的範圍，不涉及具體史實的考證工作。本書的整理歷時甚久，在工作前期，羅博偉、賈曉波先生承擔了部分録入以及復核工作。全書由向輝、彭啓彬審閲定稿。今刊行在即，略述本末，敬希讀者不吝教正。

二〇二一年六月二十九日整理者識

目録

刻陽明先生年譜序

人有恒言，真才固難，而全才尤難也。若陽明先生，豈不亶哉其人乎？方先生抗議忤權，投荒萬里，處約居貧，困心衡慮，犖然道人尔。及稍遷令尹，漸露鋒穎矣。未幾内遷，進南太僕，若鴻臚，官曹簡暇，日與門人學子講德問業，尚友千古，人皆譁之爲禪。後擢僉副都御史，至封拜，亦日與門人學子論學不輟，而山賊、逆藩之變，一鼓殲之，於是人始服先生之才之美矣。雖服先生之才，而猶疑先生之學，誠不知其何也。

松嘗謂先生之學與其教人，大抵無慮三變。始患學者之心紛擾而難定也，則教人靜坐反觀，專事收斂。學者執一而廢百也，偏於靜而遺事物，甚至厭世惡事，合眼習觀，而幾於禪矣，則揭言「知行合一」以省之。其言曰「知者行之始，行者知之成」，又曰「知爲行主意，行爲知工夫」，而要於去人欲而存天理。其後又恐學者之泥於言詮，而終不得其本心也，則專以「致良知」爲作聖爲賢之要矣。不知者與未信者，則又病良知之不足以盡道，而群然吠焉。豈知良知即良心之別名，是知也，維天高明，維地廣博，雖無聲臭，萬物皆備。古今千聖萬賢，天下百慮萬事，誰能外此知者？而致之爲言，則篤行固執，允迪實際，服膺弗失，而無所弗用其極，竝舉之矣。豈專守靈明，用智而自私耶？專守靈明，用智自私，而不能流通著察于倫物云爲之感，而或牽引轉移於情染伎倆之私。雖名無不周徧，而實難與研慮；雖稱莫之信果，而實近於蕩恣。甚至藐兢業而病防檢，私徒與而挾悻嫉，廢人道而群鳥獸，此則禪之所以病道者尔。先生之學，則豈其然乎？故其當大事，决大疑，夷大難，不動聲色，不喪匕鬯，而措斯民於衽席之安，皆其良知之推致而無不足，而非有所襲取於外。

他日讀書，竊疑孔子之言，而曰：「我戰則克，祭則受福。」夫聖非誇也，非嘗習爲戰與鬬也，又非有祝詛厭勝之術也，而云「必克」與「福」，得無殆於誣歟？是未知天人之心之理之一也。夫君子齋戒以養心，恐懼而慎事，則與天合德，而聰明睿知，文理密察，溥博淵泉而時出之矣。則何福之不獲，何戰之弗克，而又奚疑焉？不然，傳何以曰：「明乎郊社之禮，禘嘗之義，治國其如視諸掌乎？」夫郊社禘嘗之禮，則何與於治國之事也？夫道一而已矣，通則皆通，塞則皆塞，文豈爲文，武豈爲武？蓋尚父之鷹揚，本於敬義，而周公之東征破斧，寔哀其人而存之。彼依托之徒，呼喝叱詫，豪蕩弗檢，自詭爲道與學，而欲舉天下之大事，祇見其勞而敝矣。

緒山錢子，先生高第弟子也。編有先生年譜舊矣，而猶弗自信，泝錢塘，踰懷玉，道臨川，過洪都，適吉安，就正於念菴諸君子。念菴子爲之删繁舉要，潤飾是正，而補其闕軼，信乎其文則省，其事則增矣。計爲書□卷，既成，則謂予曰：「君滁人，先生蓋嘗過化，而今繼居其官，且與討論，君宜敘而刻之。」余謝不敢，而又弗克辭也，則以竊所聞於諸有道者論次如左。俾後世知先生之才之全，蓋出於其學如此，必就其學而學焉，庶幾可以弗畔矣夫。

嘉靖癸亥夏日，巡撫江西等處地方兼理軍務兵部右侍郎兼都察院右僉都御史滁上後學胡松序。

陽明先生年譜序

嘉靖癸亥夏五月，陽明先生年譜成，門人錢德洪稽首敘言曰：昔堯、舜、禹開示學端，以相授受，曰「允執厥中，四海困窮，天禄永終。」夫「天禄永終」云者，勉戒詞也。堯、舜、禹，大聖人也，豈待勉之而後爲、戒之而後懼邪？噫！此三言者，萬世聖學之宗也。執中不離乎四海也，中也者，人心之靈，同體萬物之仁也。執中而離乎四海，則天地萬物失其體矣。故堯稱峻德，必自親九族以至和萬邦；舜稱玄德，必自定父子以化天下。堯、舜之爲帝，禹、湯、文、武之爲王，所以致唐、虞之隆，成三代之盛治者，謂其能明是學也。後世聖學不明，人失其宗，紛紛役役，疲極四海，不知中爲何物。伯術興，假借聖人之似以持世，而不知逐乎外者遺乎内也。佛老出，窮索聖人之隱微以全生，而不知養乎中者遺乎外也。教衰行弛，喪亂無日，天禄亦與之而永終。噫！夫豈無自而然哉？

寥寥數千百年，道不在位，孔子出，祖述堯、舜，思、孟、濂溪、明道繼之，以推明三聖之旨，斯道燦燦然復明於世。惜其空言無徵，百姓不見三代之治，每一傳而復晦。寥寥又數百年，吾師陽明先生出，少有志於聖人之學，求之宋儒不得，窮思物理，卒遇危疾。乃築室陽明洞天，爲養生之術，靜攝既久，恍若有悟，蟬脱塵坌，有飄飄遐舉之意焉。然即之於心，若未安也，復出而用世。謫居龍場，衡困拂鬱，萬死一生，乃大悟良知之旨。始知昔之所求，未極性真，宜其疲神而無得也。蓋吾心之靈，徹顯微，忘内外，通極四海而無間。本至簡也而求之繁，至易也而求之難，不其謬乎？征藩以來，再遭張、許之難，呼吸生死，百鍊千磨，而精光焕發。益信此知之良，神變妙應而不流於蕩，淵澄静寂而不墮於空，徵之千聖，莫或紕謬，雖百氏異流，咸于是乎取証焉。噫！亦已微矣。始教學者悟從静入，恐其或病于枯也，揭明德、親民之旨，使加誠意、格物之功，至是而特揭「致良知」

三字，一語之下，洞見全體，使人人各得其中。由是以昧入者以明出，以塞入者以通出，以憂憤入者以自得出，四方學者翕然來宗之。噫！亦云兆矣。天不憖遺，野死遐荒，不得終見三代之績，豈非千古一痛恨也乎哉？

師既没，吾黨學未得止，各執所聞以立教，儀範隔而真意薄，微言隱而口説騰。且喜爲新奇譎秘之説，凌獵超頓之見，而不知日遠於倫物。甚者認知見爲本體，樂疎簡爲超脱，隱幾智於權宜，蔑禮教于任性。未及一傳而淆言亂衆，甚爲吾黨憂。邇年以來，亟圖合併，以宣明師訓，漸有合異統同之端，謂非良知昭晰，師言之尚足徵乎？譜之作，所以徵師言耳。始謀于薛尚謙，顧三紀未就，同志日且凋落，鄒子謙之遺書督之。洪亦大懼湮没，假館於史公甫嘉義書院[一]，越五月，半就，趨謙之，而中途聞訃矣，偕撫君胡汝茂往哭之。返見羅達夫閉關方嚴，及讀譜，則喟然嘆曰：「先生之學，得之患難幽獨中，蓋三變以至于道。今之談

[一] 史公甫 全書卷三十六作「史恭甫」。按史際，字恭甫，號玉陽，溧陽人。

良知者，何易易也。」遂相與刊正。越明年正月，成于懷玉書院，以復達夫。比歸，復與王汝中、張叔謙、王新甫、陳見吾、黄滄溪、王肖溪互精校閲，曰：「庶其無背師説乎？」命壽之梓。然其事則核之奏牘，其文則稟之師言，罔或有所增損。若夫力學之次，立教之方，雖因年不同，其旨則一，洪竊有取而三致意焉。噫！後之讀譜者，尚其志逆神會，解悟于微言之表，則斯道庶乎其不絶矣。僭爲之序。

嘉靖癸亥八月朔，門人餘姚錢德洪百拜書。

陽明先生年譜卷之一

門人餘姚錢德洪 編述
山陰王畿 補輯
後學吉水羅洪先 删正
滁上胡松
江陵陳大賓
揭陽黄國卿 校正
漳浦王健 校刻

先生諱守仁，字伯安，姓王氏。其先出自晋光禄大夫覽，本瑯琊人，至曾孫右軍將軍羲之，徙居山陰。其後二十三世，曰迪功郎壽者，自達溪徙餘姚，遂世爲餘姚人。壽五世孫綱，善鑑人，有文武才。國初，誠意伯劉伯温薦爲兵部郎中，擢廣東參議，死於苗難。御史郭純上其事於朝，廟祀增城。子彦達綴羊革裹父尸以歸，自號秘湖漁隱，蓋先生五世祖也。

高祖諱與準，精究禮、昜，嘗著昜微數千言。永樂間，朝廷舉遺逸，不起，自號遁石翁。曾祖諱世傑，人呼爲槐里子，以明經貢太學，卒，贈嘉議大夫、禮部右侍郎，追贈新建伯。祖諱天敘，號竹軒，魏嘗齋瀚嘗爲立傳，敘其居環堵蕭然，雅歌豪吟，胸次灑落，方之陶靖節、林和靖。所著有竹軒稿、江湖雜稿行於世，封翰林院修撰，贈禮部右侍郎，追贈新建伯。父諱華，字德輝，别號實菴，晚號海日翁，嘗讀書龍泉山中，學者又稱爲龍山公。成化辛丑，賜進士及第第一，仕至南京吏部尚書，進封新建伯。龍山公嘗思山陰山水佳麗，爲先世故居，復自姚徙越城之光相坊居之。先生嘗築室陽明洞，洞距越城東南二十里，學者稱陽明先生云。

皇明憲宗成化八年壬辰，九月丁亥，先生生。

九月三十日丁亥，太夫人鄭娠彌十四月，祖母岑夢神人衣緋玉雲中鼓吹，送兒授岑，岑驚寤，已聞啼聲。祖竹軒公異之，即以雲名。鄉人傳其夢，指所生樓曰瑞雲樓。

十二年丙申，先生五歲。

先生五歲不言，一日與群兒嬉，有神僧目之，謂竹軒公曰：「好箇孩兒，可惜叫破。」竹軒公悟，乃更今名，即能言。一日誦竹軒公所嘗讀過書，訝問之，曰：「聞公讀時已默記矣。」

十七年辛丑，先生十歲。

是年，龍山公舉進士第一。

十八年壬寅，先生十一歲，寓京師。

是年，龍山公迎養竹軒翁，因携先生如京師。夏中過金山寺，與客酒酣，擬賦金山詩。先生年纔十一，在傍賦詩曰：「金山一點大如拳，打破維揚水底天。醉倚妙高臺上月，玉簫吹徹洞龍眠。」座客大驚異，於是復命賦蔽月山房詩。先生隨口應曰：「山近月遠覺月小，便道此山大於月。若人有眼大如天，還見山小月更闊。」明年就塾師，先生豪邁不羈，塾師責過嚴，每越繩束。龍山公常懷憂，惟竹軒公知之。一日，與同學生走長安街，遇一相士，異之曰：「吾爲爾相，後須憶吾言：鬚拂領，其時入聖境；鬚至上丹臺，其時結聖胎；鬚至下丹田，其時聖果圓。」先生感相士言，自後每對書輒坐凝思。嘗問塾師曰：「何爲第一等事？」塾師曰：「惟讀書登第耳。」先生對曰：「登第恐未爲一等事，讀書學爲聖賢耳。」龍山公聞之，笑曰：「汝欲做聖賢邪？」

二十年甲辰，先生十三歲，母鄭夫人卒。

先生十三歲，居鄭母喪，哭泣甚哀。

二十二年丙午，先生十五歲，夢賦征南詩。

是年，出遊居庸三關，經月不返，問諸夷種落，因得備禦之策。嘗逐胡兒騎射，胡人不敢狎視，比歸，慨然有經略四方之志。一日，夢謁伏波將軍廟，賦詩曰：「卷甲歸來馬伏波，早年兵法鬢毛皤。雲埋銅柱雷轟折，六字題文尚不磨。」時畿内石英、王勇盜起，又聞秦中石和尚、劉千斤亂，屢欲爲書獻於朝。龍山公斥之爲狂，乃止。

孝宗弘治元年戊申，先生十七歲。七月，親迎夫人諸氏於洪都。

是年，外舅諸公養和爲江西布政參議，先生就官署委禽。合巹之日，偶閒行入鐵柱宫，遇道士趺坐一榻，即而叩之，因聞養生之説，慨然有意長往。是夕，遂相與對坐忘歸。諸公遣人追之，次早始追還。官署中蓄紙數篋，先生日取學書，比歸，數篋皆空，書法大進。○先生嘗示學者曰：「吾始學書，對模古帖，止得字形。後舉筆不輕落紙，凝思靜慮，擬形於心，久之始通其法。既後讀明道先生書曰：『吾作字甚敬，非是要字好，只此是學。』既非要字好，又何學也？乃知古人隨時隨事只在心上學，此心精明，字好亦在其中矣。」後與學者論格物之旨，多舉學字一事爲證。

二年己酉，先生十八歲。十二月，夫人諸氏歸于姚。

是年，先生有志聖學。先生舟至廣信，謁婁一齋諒，語以宋儒格物之學，謂聖人必可學而至，先生深契之。明年，龍山公丁外艱歸姚，命從弟冕、階、宮及妹婿牧相講析經義。先生每日則隨衆課業，夜則搜取諸經子史讀之，往往多至夜分。四子見先生文字日進，嘗愧不及，後知之，曰：「彼已游心舉業之外，吾何及也。」先生平時接人和易，出言善謔，一日自悔，遂端坐省言。四子始未信，反狎之。先生正色曰：「吾昔放逸，不自知過，今知過矣。」自後四子亦漸檢束。

五年壬子，先生二十一歲，舉浙江鄉試。

是年，先生爲宋儒格物之學。始，龍山公如京師，先生在侍，至則徧求考亭遺書讀之，欲通其源。一日，思先儒謂衆物必有表裏精粗，一草一木，皆涵至理。官署亭中多竹，乃取竹格之，求其理不得，即沉思不止，遂遇疾。先生自委聖賢有分，非吾人所及，乃隨世就辭章之學。明年春，會試下第，縉紳知者咸來慰諭。宰相李西涯戲曰：「汝今歲不第，來科必爲狀元，試作來科狀元賦。」先生懸筆立就。諸老驚曰：「天才、天才。」

退，有忌者曰：「此子取上第，目中無我輩矣。」及丙辰會試，爲忌者所抑，先生弗爲意。同舍有以不第爲耻者，先生慰之曰：「世以不得第爲耻，吾以不得第動心爲耻。」識者服之。歸餘姚，結詩社龍泉山寺，致仕方伯魏瀚，平時以雄才自放，聞先生名，每登龍泉山，下棋聯詩，一子一句。魏有佳句，輒爲先生先得，乃謝曰：「老夫當退數舍。」

十年丁巳，先生二十六歲。

是年，先生學兵法。時邊報甚急，先生見朝廷推舉將才，莫不惶遽，謂才不可以不預畜。又以武舉之設，僅得騎射搏擊之士[一]，而不可以收韜略統馭之才。於是又留情武事，凡兵家秘書，莫不精究。每遇賓宴，嘗聚果核列陣勢爲戲。

十一年戊午，先生二十七歲。

是年，先生聞養生之術。先生自念辭章藝能之習，不足以通至道，求師友于天下，又不數

[一] 僅得騎射搏擊之士 「騎」，底本訛作「技」，據毛本、全書本改。

遇，心持遑惑。一日，讀晦翁上宋光宗疏，有曰：「居敬持志，爲讀書之本；循序致精，爲讀書之法。」乃悔前日探討雖博，而未嘗循序以致精，宜無所得。又循其進爲之方，思得漸漬洽浹，然物理吾心，終若判而爲二。沈鬱既久，舊疾復作，乃自分聖賢之學，決非吾人可及。偶聞道士談養生之術，遂有遺世入山之意。

十二年己未，先生二十八歲，舉進士出身。

是年春，會試，舉南宮第二人，賜二甲進士出身第七人，觀政工部。是秋，欽差督造威寧伯王越墳，馭役夫以什伍法，休食以時，暇即驅演八陣圖。事竣，威寧家以金帛爲謝，不受，乃出威寧所佩寶劍爲贈。先生未第時，嘗夢威寧遺以弓劍，至是適與夢符，遂受之。時有星變，朝廷下詔求言，及聞達虜猖獗，先生復命時，即上邊務八事，言及時政得失，辭極剀切。

十三年庚申，先生二十九歲，授刑部雲南清吏司主事。

十四年辛酉，先生三十歲，奉命審録江北。

先生録囚，多所平反。事竣，遂遊九華，作遊九華賦，宿無相、化城諸寺，多所述作。

十五年壬戌，先生三十一歲，告病歸越。

是年，先生學漸有悟，始辨仙釋二氏之非。先是五月，復命回部，時京中交遊俱以才名相馳騁，學古詩文。先生嘆曰：「吾焉能以有限之精神，爲無用之虚文也！」遂告病歸越，築室陽明洞，究仙經秘旨，爲導引諸術。久之，即能先知。一日坐洞中，其友王思輿等四人欲訪先生，方出五雲門，先生即命僕出迎之，且歷語其來跡。僕遇之途，與語良合，衆驚異，以爲得道。久之，悟曰：「此簸弄精神，非道也。」又屏去。比靜坐久，汙穢六合，每思離世遠去，祖母岑與龍山公在堂，不忍違，因循未决。久之，又忽悟曰：「此念生於孩提，此念可去，是斷滅種性矣。」明年，遂移疾錢塘西湖，復思用世。往來南屏、虎跑諸刹，有禪僧坐關三年，先生問其家，對曰：「有母在。」曰：「起念否？」對曰：

「不能不起。」先生即指愛親本性喻之，僧涕泣謝。明日問之，僧已去矣。

十七年甲子，先生三十三歲。秋，主考山東鄉試。

是年，巡按山東監察御史陸偁聘主鄉試，試録皆出先生手筆。其策問議國朝禮樂之制，老佛之害道，由於聖學不明，綱紀之不振，由於名器太濫，用人太急，求效太速，及分封、清戎、禦夷、息訟，皆有成法。録出，人占先生經世之學。

九月，改兵部武選清吏司主事。

十八年乙丑，先生三十四歲，門人受學于京師。

是時，學者溺於詞章記誦之習，不復知有身心之學。先生指其自明之機，使之先立必爲聖人之志，聞者漸覺興起。久之，有願執贄及門者。是年，專志授徒講學。然師友之道久廢，聞者多以爲立異好名，惟甘泉湛先生若水時爲翰林庶吉士，一見定交，共以倡明聖學爲事。

武宗正德元年丙寅，先生三十五歲。二月，劾逆瑾，下詔獄，謫龍場驛驛丞。

是時武宗初政，奄瑾竊柄，南京科道戴銑、薄彦徽等以諫忤旨，逮繫詔獄。先生首抗疏捄之，具言：「君仁臣直，銑等以言爲責，其言如善，自宜嘉納。如其未善，亦宜包容，以開忠讜之路。乃今赫然下令，遠事拘囚，在陛下不過少示懲創，非有意怒絶之也。下民無知，妄生疑懼，臣切惜之。自是而後，雖有上關宗社危疑不制之事，陛下孰從而聞之？陛下聰明超絶，苟念及此，寧不寒心？伏願追收前旨，使銑等仍舊供職，擴大公無我之仁，明改過不吝之勇，聖德昭布，遠邇人民胥悦，豈不休哉！臣又惟君者，元首也。臣者，耳目手足也。陛下思耳目之不可使壅塞，手足之不可使痿痺，必將惻然而有所不忍。臣承乏下僚，明旨有『政事得失，許諸人直言無隱』之條，故敢昧死爲陛下一言。」疏入，亦下詔獄，已而廷杖四十，既絶復甦，尋謫貴州龍場驛驛丞。

二年丁卯，先生三十六歲。冬，赴龍場。

是年夏，至錢塘，瑾遣人追偵，相隨不釋。先生度或不免，乃托言投江以緩之。因附商船遊舟山，海上偶遇颶風，一日夜至閩界。比登岸，遇夜，扣寺門求宿，僧故不應。趨野廟，倚香案卧，蓋虎穴也。黎明，僧意必斃于虎，將收其囊，見先生方熟睡，呼始醒，驚曰：「公非常人也。不然，得無恙乎？」邀至寺，寺有異人，識之，因與議出處，諭以禍福，促其行，且贈之詩。先生題詩壁間曰：「險夷原不滯胸中，何異浮雲過太空。夜靜海濤三萬里，月明飛錫下天風。」因取間道，由武夷而歸。時龍山公官南京吏部尚書，從鄱陽省留都。十二月返錢塘，赴龍場驛。○**按是夏，門人徐愛見。**先生與學者講授，雖隨地興起，未見有出身承當，以聖學爲己事者。徐愛，先生妹婿也，因先生將赴龍場，納贄北面，奮然有志于學。愛與蔡宗兖、朱節同舉鄉貢，先生作別三子序曰：「自程、朱諸大儒没，而師友之道遂亡，六經分裂於訓詁，支離蕪蔓於辭章舉業之習，聖學幾於息矣。有志之士，思起而興之，然卒徘徊嗟咨，逡巡而不振，因弛然自廢者，亦志之弗立，弗講於師友之道也。夫一人爲之，二人從而翼之，已而翼之者益衆焉，雖有難爲之事，其弗成者鮮矣。一人爲之，二人從而危之，已而危之者益衆焉，雖有易成之功，其克濟者亦鮮矣。故凡有志之士，必求助於師友。無師友之助者，志之弗立，弗求者也。自予始知學，即求師於天下，而莫予誨也。求友於天下，而與予者寡矣。又求同志之士，二三子之外，邈乎其寥寥也。殆予之志有未立邪？蓋自近年而又得蔡希顔、朱守中於山陰之白洋，得徐曰仁於餘姚之馬堰。希顔之深潛，守中之明敏，曰仁之温恭，皆予所不逮。三子者徒以一日之長，視予以先輩，予居之弗辭。非能有加也，姑欲假三子而爲之證，遂忘其非有也。而三子者，姑欲假予而存師友之餼羊，不謂其不可也。當是之時，其相與也亦渺乎難哉。」〇按徐愛同志考敘曰：「愛於丁卯夏，始得以家君命，執弟子禮，於時門下，亦莫予先者也。繼而是秋，山陰蔡希顔、朱守中來學，鄉之興起始多，而先生已赴謫所矣。」是知崇信師教，莫先於曰仁也。

三年戊辰，先生三十七歲。春，至龍場。

先生始悟格致之學。龍場在貴州西北萬山叢棘中，蛇虺魍魎與居，蠱毒瘴癘所寓。夷人鴃舌，可通言語者，皆中土亡命。舊無屋，始教人範土架木爲居。時瑾憾未已，自計得失榮辱，皆能超脱，惟生死一念尚未能遣，乃爲石墎自誓曰：「吾惟俟命，有死而已，他無計也。」日夜端居澄默，以求静一，日覺胸中灑灑。但從者皆病，自折薪取水，作糜飼之。病者猶懷抑鬱，先生始與歌詩，不悦，既與唱曲、雜詼笑，始悦，病漸興，亦能忘其爲夷狄患難也。默念聖人處此，更有何道？一日，忽中夜大悟格物致知之學，寤寐中若有人語之者，不覺叫呼躑躅，從者皆驚。始知聖人之道，吾性自足，無俟外求，向之求理於事物者誤也。乃以嘿記五經之言證之，莫不脗合，因著五經憶説[一]。〇夷狄多用蠱毒害人，中土人來輒中之。初，以先生卜諸蠱神，神不許，命敬事之。於是夷人日來親狎，以所居陰濕，乃爲伐木，搆龍岡書院及寅賓堂、何陋軒、君子亭、玩易窩以居之。思州守遣人至驛侮慢先生，諸夷不平，共毆辱之。守大怒，言諸當道。毛憲副科令先生請謝，且諭以禍福。先生致書復之，守慚懼，愈敬重。水西安宣慰聞先生名，使人餽米肉、給使令，先生辭不受。既又重以金帛鞍馬，復辭不受。始，朝廷議設衛於水西，既置城，已而中止，驛傳尚存。安惡據其腹心，欲去之，以問先生。先生遺書折

[一] 五經憶説 「憶」，毛本作「臆」。

其不可，且申朝廷威信令甲，議遂寢。已而宋氏酋長有阿賈、阿札者，叛宋氏，爲地方患，先生復以書詆諷之。安悚然，率所部平其難，民賴以寧。

四年己巳，先生三十八歲，提學副使席書聘主貴陽書院。

是年，先生有知行合一之說。始，席元山書提督學政，問朱、陸同異之辨。先生不語朱、陸之學，而告之以其所悟，元山懷疑而去。明日復來，證之以五經諸子，漸覺有省。繼是往復數四，乃豁然大悟，謂聖人之學復覩於今日。朱、陸異同，各有得失，無事辯詰，求之吾性本自明也。遂與毛憲副修葺書院，身率貴陽諸生，以所事師禮事之。先生以晦菴分知行爲進學之次第，先之以格致而於知無不明，然後實之以誠正而於行無所繆。是使學者影響測憶以求知，而不知性體有自然之明覺也；拘執固滯以爲行，而不知性體有自然之感應也。本體知行，原無可間，故功夫不得以有二，乃立「知行合一」之說，使學者自求本體而知行不繆，庶無支離決裂之病。

五年庚午，先生三十九歲，陞廬陵縣知縣。

先生語學者悟入之功。昔過常德、辰州，隨地講授，及歸，見門人冀元亨、蔣信輩俱能卓立。先生喜謫居兩年，無可與語者，歸途乃幸得諸友。比與貴陽諸士論知行異同，紛紛辯詰，若無所入。兹來乃與諸生靜坐僧寺，使自悟性體，以求有入，諸生恍恍若有可即。既又途中與書曰：「前在寺中所云靜坐事，非欲坐禪入定也。蓋因吾輩平日爲事物紛拏，未知爲己，欲以此補小學收放心一段功夫耳。明道云：『纔學，便須知有用力處；既學，便須知有得力處。』諸友宜於此處着力，方有進步，異時始有得力處也。」又曰：「絶學之餘，求道者少，一齊衆楚，最易摇奪，自非豪傑，鮮有卓然不變者。諸友宜相砥礪夾持，務期有成。近世士夫亦有稍知求道者，皆因實德未成，而先揭標榜以來世俗之謗，是以往往隳墮無立，反爲斯道之梗。諸友宜以是爲鑒，刊落聲華，務於切己處着實用力。」

三月，至廬陵。

先生爲政不事威刑，惟以開諭人心爲本。蒞任之日，首詢里役，先知各鄉貧富暴良之實。

初，獄牒盈庭，稽國初舊制，慎選里正、三老，坐申明亭，使之委曲勸諭。民悔勝氣囂訟之爲非，至有涕泣而歸者，由是囹圄日清。在縣七閱月，惟留告示十六通，其詞諄諄，慰安父老，使之歸教子弟。城中失火，拜天返風，以血禳火而火即滅。因使城中闢火巷，水次定兑運，絶鎮守之横征，杜神會之借辦，立保甲以弭盜，清驛遞以延賓旅。至今行之數十年，士民思其遺澤。

冬，入覲。

先生入京，館於大興隆寺，時黄宗賢綰爲後軍都督府都事，因儲柴墟巏請見。先生與之語，喜曰：「此學久絶，子何所聞？」對曰：「雖粗有志，實未用功。」先生曰：「人惟患無志，不患無功。」明日，引見甘泉，訂終身共學之盟。○按宗賢至嘉靖壬午春，聞先生「致良知」之旨，深服師教，復執贄稱門人。

十二月，陞南京刑部四川清吏司主事。

先生與綰、應良論實踐之功。謂聖學久不明，人心馳於聲利，俗習陷溺既久，學者欲爲聖人，必須廓清心體，使纖翳不留，真性始見，始有操持涵養之地。原忠疑其難。先生曰：「聖人之心如明鏡，纖翳自無所容，自不消磨刮。若常人之心，如斑垢駁蝕之鏡，須痛加刮磨一番，盡去駁蝕，然後纖塵即見，纔拂便去，亦不消費力。到此已是識得仁體矣。若駁蝕未去，其間固自有一點明處，塵埃之落，固亦見得，纔拂便去，至于堆積於駁蝕之上，終弗之能見也。此學利困勉之所由異，幸勿以爲煩難而疑之也。凡人情好易而惡難，其間亦自有私意氣習纏蔽在，識破後，自然不見其難矣。古之人至有出萬死而樂爲之者，亦見得耳。向時未見得裏面意思，此功夫自無可講處。今已見此一層，卻恐好易惡難，便流入禪釋去也。」○按先生立教，皆經自身實踐，故所言真切懇篤若此。自揭良知宗旨之後，吾黨頓覺領悟太易，聞言之下，即見本體，遂認虛見爲真得，兀兀保任虛見，無復向裏着己之功矣。故吾黨之穎悟速承者，往往多無成功，甚至流蕩不法，尚自信以爲真性自然，誠可憂也。盍取先生前後所教，反覆觀之。

六年辛未，先生四十歲。正月，調吏部驗封清吏司主事。

先生論晦菴、象山之學。王輿菴讀象山書有契，徐成之與論辯不決。先生曰：「是朱非陸，天下論定久矣，久則難變也。雖微成之之爭，輿菴亦豈能遽行其說乎？」成之謂先生漫爲含糊兩解，若有以陰助輿菴而爲之地者。先生以書解之曰：「輿庵是象山，而謂其專以尊德性爲主。今觀象山文集所載，未嘗不教其徒讀書，而自謂理會文字頗與人異者，則其意實欲體之於身。其亟所稱述以誨人者，曰『居處恭，執事敬，與人忠』，曰『克己復禮』，曰『萬物皆備於我，反身而誠，樂莫大焉』，曰『學問之道無他，求其放心而已』，曰『先立乎其大者，而小者不能奪』。是數言者，孔子、孟軻之言也，烏在其爲空虛乎？獨其易簡、覺悟之說，頗爲當時所疑。然易簡之說出於繫辭，覺悟之說雖有同于釋氏，然釋氏之說亦自有同于吾儒，而不害其爲異者，惟在於幾微毫忽之間而已。亦何必諱於其同而遂不敢以言，狃於其異而遂不以察之乎？是輿菴之是象山，固猶未盡其所以是也。吾兄是晦菴，而謂其專以道問學爲事。然晦菴之言曰『居敬窮理』，曰『非存心無以致知』，曰『君子之心，常存敬畏。雖不見聞，亦不敢忽，所以存天理之本然，而不使離於須臾之頃也』。是其爲言雖未盡瑩，亦何嘗不以尊德性爲事，而又烏在其爲支離乎？獨其平日汲汲於訓解，雖韓文、楚辭、陰符、參同之屬，亦必與之註釋考辯，而論者遂疑其玩物。又其心慮恐學者之躐等，而或失之於妄作，使必先之以格致而無不明，然後有以實之於誠正而無所謬。世之學者掛一漏萬，求之愈煩而失之愈遠，至有弊力終身，苦其難而卒無所入，而遂議其支離。不知此乃後世學者之弊，而當時晦菴之自爲，則亦豈至是乎？是吾兄之是晦菴，固猶未盡其所以是也。夫二兄之所信而是者，既未盡其所以是，則其所疑而非者，亦豈盡其所以非乎？僕嘗以爲晦菴之與象山，雖其所以爲學者若有不同，而要皆不失爲聖人之徒。今晦菴之學，天下之人童而習之，既已入人之深，有不容於論辨者，而獨惟象山之學，則以其嘗與晦菴之有言，而遂藩籬之。使若由、賜之殊科焉，則可矣，而遂擯放廢斥，若碔砆之與美玉，則豈不過甚矣乎？故僕嘗欲冒天下之譏，以爲象山一暴其説，雖以此得罪無恨。晦菴之學，既已章明於天下，而象山猶蒙無實之誣，于今且四百年，莫有爲之一洗者，使晦菴有知，將亦不能一日安享於廟廡之間矣。此僕之至情，終亦必爲一吐者，亦何肯漫爲兩解之説，以陰助于輿菴已乎？」

二月，爲會試同考試官。

是年，僚友受學。始，吏部郎中方叔賢獻夫位在先生上，比聞論學，痛自感悔，遂執贄納拜，事以師禮。是冬，告病歸西樵山，先生爲序别之。略曰：「予與叔賢處二年，見叔賢之學凡三變：始而尚辭，再變而講説，又再變而慨然有志聖人之道。方其詞章之尚，於予若冰炭焉；講説矣，則違合者半；及其有志聖人之道，而沛然於予同趣。將遂去之西樵，以成其志，叔賢亦可謂善變矣」云云。

十月，陞文選清吏司員外郎。

送甘泉奉使安南。先是先生陞南都，甘泉與黄宗賢言於冢宰楊邃菴一清，改留吏部。職事之暇，始遂講聚，方期各相砥切，飲食啓處必共之。至是，甘泉出使安南封國將行，先生懼聖學難明而易惑，人生别易而會難也，乃爲文以贈處。曰：「顔子没而聖人之學亡，曾子『唯』『一貫』之旨，傳之孟軻，絶又二千餘年而周程續。自是而後，言益詳，道益晦，析理益精，學益支離無本，而事於外者益繁以難。蓋孟氏患楊墨，周程之際，釋老大行。今世學者，皆知尊孔孟，賤楊墨，擯釋老，聖人之道若大明於世，然吾從而求之，聖人不得而見之矣。其能有若墨氏之兼愛者乎？其能有若楊氏之爲我者乎？其能有若老氏之清淨自守、釋氏之究心性命者乎？吾何以楊、墨、老、釋之思哉？彼於聖人之道異，然猶有自得也。而世之學者，章繪句琢以誇俗，詭心色取，相飾以僞，謂聖人之道勞苦無功，非復人之所可爲，而徒取辯於言詞之間。古之人有終身不能究者，今吾皆能言其略，自以爲若是亦足矣，而聖人之學遂廢。則今之所大患者，豈非記誦辭章之習，而弊之所從來，無亦言之太詳，析之太精者之過歟？夫楊、墨、老、釋，學仁義，求性命，不得其道而偏焉。固非若今之學者，以仁義爲不可學，性命之爲無益也。居今之時，而有學仁義，求性命，外記誦辭章而不爲者，雖其陷於楊、墨、老、釋之偏，吾猶且以爲賢，彼其心猶求以自得也。夫求以自得，而後可與之言學聖人之道。某幼不問學，陷溺於邪僻者二十年，而始究心於老、釋，賴天之靈，因有所覺，始乃沿周、程之説求之，而若有得焉。顧一二同志之外，莫予翼也，岌岌乎仆而復興。晚得於甘泉湛子，而後吾之志益堅，毅然若不可遏，則予之資於甘泉多矣。甘泉之學，務求自得者也。世未之能知，其知者且疑其爲禪。誠禪也，吾猶未得而見，而况其所志卓爾若此，則如甘泉者，非聖人之徒歟，多言又烏足病也？夫多言不足以病甘泉，與甘泉之不爲多言病也，吾信之。吾與甘泉友，意之所在，不言而會；論之所及，不約而同；期於斯道，斃而後已者。今日之别，吾容無言？夫惟聖人之學難明而易惑，習俗之降，愈下而益不可回，任重道遠，雖已無俟于言，顧復於吾心，若有不容已也，則甘泉亦豈以予言爲綴乎？」

七年壬申，先生四十一歲。三月，陞考功清吏司郎中，門人日進。

按同志考，是年載穆孔暉、顧應祥、鄭一初、方獻科、王道、梁穀、萬潮、陳鼎、唐鵬、路迎、孫瑚、魏廷霖、蕭鳴鳳、林達、陳洸及黄綰、應良、朱節、蔡宗兖、徐愛同受業。○王純甫道，以進士爲應天府學教授，先生贈序爲别。比蒞任，上下多不協，先生以金爲譬，使之動心忍性，以大其所受。又自咎平日，每有傲視行輩，輕忽世故之心，受謫龍場，備歷艱阻，始信孟子「生於憂患」之言，誠非欺我也。道見書，意不懌，及道以書辯學，先生謂「純甫之問，詞則謙下，而意實自以爲是」，復書喻之。後曰仁至京，詳發師旨，始能釋然。先生曰：「近見與曰仁書，貶損益至，三復赧然。夫趨向同而論學異，不害其爲同也；趨向異而論學同，不害其爲異也。不能積誠反躬而徒滕口説，此僕往年之罪，純甫何尤乎？」○是年，林以吉歸省，宗伯喬白岩之南都，給事王堯卿歸終南，太史張常甫歸四明，俱有贈序，致同學相規之意。

十二月，陞南京太僕寺少卿，便道歸省。

與徐愛論大學。先生舟中與愛論大學宗旨，愛聞之踴躍痛快，如狂如醒者數日，胸中混沌復開。仰思堯舜、三王、孔孟，千聖立言，人各不同，其旨則一。今之傳習録所載首卷是也。自謂：「愛因舊説汩没，始聞先生之教，實駭愕不定，無入頭處。其後聞之既久，漸知反身實踐，然後始信先生之學爲孔門嫡傳，舍是皆傍蹊小徑、斷港絶河矣。如説格物是誠意功夫，明善是誠身功夫，窮理是盡性功夫，道問學是尊德性功夫，博文是約禮功夫，惟精是惟一功夫，諸如此類，皆落落難合，其後思之既久，不覺手舞足蹈。」○按是年，曰仁以祁州知州考滿進京，陞南京工部員外，與先生同舟歸越。同門領悟師旨，惟曰仁獨先，先生以全與，曰仁以全受，蓋其所得，由於反躬實踐，故能一信而無回也。

厥後先生論學，每至入微，必曰「斯意惟與曰仁舟中言及」。

八年癸酉，先生四十二歲。二月，至越。

先生到家，即欲與曰仁同遊台、蕩，宗族親友牽絆弗能行。五月終，與曰仁數友定期，候黃宗賢不至，乃從上虞入四明，觀白水，尋龍谿之源，登杖錫，至雪竇，上千丈岩，以望天姥、華頂。欲遂從奉化，取道赤城，適久旱，山田盡龜裂，道傍人家傍徨望雨，意慘然不樂，遂自寧波買舟還餘姚。曰仁爲乃翁督促之任，宗賢以書來迎先生，復書曰：「此行，相從諸友亦微有所得，然無大發明。其最所歉然，宗賢不同茲行耳。後輩習氣已深，雖有美質，亦漸消盡。此事正如淘沙，會有見金時，但目下未可必得耳。」先生茲遊，雖爲山水，實注念曰仁、宗賢，蓋先生點化同志，多得之登遊山水間也。

冬十月，至滁州。

滁州山水佳勝，先生督馬政，地僻官閒，日與門人遊遨瑯琊、瀼泉之間。月夕，則環龍潭而坐者數百人，歌聲振山谷。諸生隨地請正，踴躍歌舞，或以靜悟入，或以詞章入，或以仙佛入。舊學之士，皆日來臻，於是從遊之衆自滁始也。○按是年，孟源問：「靜坐中思慮紛雜，不能強禁絶。」先生曰：「紛雜思慮，亦強禁絶不得。只就思慮萌動處省察克治，到天理精明後，有箇物各付物的意思，自然精專，無紛雜之念，大學所謂知止而後有定也。」嘉靖癸丑秋，太僕寺少卿吕懷聚徒於師祠，洪往遊焉。同門高年朱勛輩，尚有能道師遺事者。後輩多喜談靜中光景，洪與吕子講師門立教與前不同，乃指掇良知宗旨，聞之皆相慶以爲新得。

九年甲戌，先生四十三歲。四月，陞南京鴻臚寺卿。

滁陽諸友送至烏衣，不能别，留居江浦，候先生渡江。先生以詩促之歸曰：「滁之水，入江流，江潮日復來滁州。相思若潮水，來往何時休？空相思，亦何益？欲慰相思情，不如崇令德。掘地見泉水，隨處無弗得。何必驅馳爲，千里遠相即？君不見堯羹與舜墻，又不見孔與蹠，對面不相識。逆旅主人多慇懃，出門轉盻成路人。」

五月，至南京。

自徐愛來南都，同志日親。黄宗明、薛侃、馬明衡、陸澄、季本、許相卿、王激、諸偁、林達、張寰、唐愈賢、饒文璧、劉觀時、鄭騮、周積、郭慶、欒惠、劉曉、何鰲、陳傑、楊杓、白説、彭一之、朱箎輩，同聚師門，日夕漬礪不懈。客有道自滁游學之士，多放言高論，亦有漸背師教者。先生曰：「吾年來欲懲末俗之卑汙，引接學者，多就高明一路，以救時弊。今見學者漸有流入空虚，爲脱落新奇之論，吾已悔之矣。故南畿論學，只教學者存天理，去人欲，爲省察克治實功。」王嘉秀、蕭惠好談仙佛。先生嘗以自悔警之曰：「吾幼時求聖學不得，亦嘗篤志二氏，謂儒者不足學。其後居夷三載，得見聖人端緒，始悔錯用功三十年。二氏之學，其妙與聖人只有毫釐之間，故不易辯。惟篤志聖學，始能悟破，非言語測憶所及也。」

十年乙亥，先生四十四歲。正月，疏自陳，不允。立再從子正憲爲後。

正憲，字仲肅，季叔易直先生兖之孫[一]，西林守信之第五子也。先生年四十四，與諸弟守儉、守文、守章俱未舉子，守信子衆，故擇立之[二]。時正憲年八齡。○是年，御史楊典薦改祭酒，不報。

八月，擬諫迎佛疏。

時命太監劉允烏思藏齎幡供諸佛，奉迎佛徒。允奏請鹽七萬引，以爲路費，許之。輔臣楊廷和等與户部及言官各疏執奏，不聽。先生欲因事納忠，擬疏欲上，後中止。

上疏告病。

是年，祖母岑太夫人年九十有六，先生思乞歸，一見爲訣，故疏辭甚懇。

[一] 季叔易直先生兖之孫　據全書卷二十五易直先生墓誌，「兖」當爲「衮」之訛。

[二] 故擇立之　「擇」，底本訛作「澤」，據毛本改。

陽明先生年譜卷之二

門人餘姚錢德洪 編述
山陰王畿 補輯
後學吉水羅洪先 删正
滁上胡松
江陵陳大賓
揭陽黄國卿 校正
漳浦王健 校刻

十一年丙子，先生四十五歲。九月，陞都察院左僉都御史，巡撫南、贛、汀、漳等處。

時虔鎮所轄汀、漳各郡，皆有巨寇。都御史文森受命稱疾，尚書王瓊劾罷之，特舉先生。

十月，歸省至越。

王思輿語季本曰：「陽明此行，必立事功。」本曰：「何以知之？」曰：「吾觸之不動矣。」

十二年丁丑，先生四十六歲。正月，至贛。

先生過萬安，遇流賊數伯，沿途肆劫，商舟不敢進。先生乃聯商舟，結爲陣勢，揚旗鳴鼓，如進戰狀。賊乃羅拜于岸，呼曰：「饑荒流民，乞求賑濟。」先生進舟泊岸，令人諭之曰：「至贛後差官撫插，歸安生理，毋作非爲，自取戮滅。」賊懼，即時遁散。

行十家牌法。

先是，贛民爲洞賊耳目，官府舉動未形，而賊已先聞及。軍門有一老隸，爲奸尤甚。先生覺之，呼入卧室，使之自擇生死。隸輸情盡吐積年奸弊，先生許其不死，遂用其言，悉驗，乃於城中立十家牌法。編十家爲一牌，開列各户姓名。日輪一家，沿門按牌審察動靜，但有面目生踈、踪跡可疑之人，即行報官究理。或有隱匿，十家連罪。仍告諭父老子弟：「務要父慈子孝，兄愛弟敬，夫和婦隨，長惠幼順。小心以奉官法，勤謹以辦國課，恭儉以守家業，謙和以處鄉里。心要平恕，毋得輕易忿爭；事要含忍，毋得輒興詞訟。見善互相勸勉，有惡互相懲戒。務興禮讓之風，以成敦厚之俗。」

選民兵。

先生以撫屬地方，界連四省，山谷險隘，林木茂深，盜賊所盤，與民三居其一，乘間劫掠，大爲民患。當事者每遇盜賊猖獗，輒復會奏，請調土軍狼達，往返經年，糜費逾萬。逮至集兵舉事，即已魍魎潛形；班師旋旅，則又鼠狐聚黨；是以機宜屢失而備禦益弛。古之善用兵者，驅市人而使戰，假閭戍以興師，豈以十州八府之地，無奮勇敢戰之夫乎？乃使四省兵備官，於各屬弩手、打手、機快等項，挑選驍勇絶群，膽力出衆者。每縣多或十餘人，少或八九人，務求魁傑異材，或懸賞召募。大約江西、福建二兵備，各以五六伯名爲率；廣東、湖廣二兵備，各以四五伯名爲率。中間若有力能扛鼎，勇敵千人者，優其廩餼，署爲將領。編選之外，餘四兵備，仍於每縣原額數内，揀選精壯可用者，量留三分之二，就委該縣能官統練，專以守城防隘爲事。其餘一分，揀退疲弱不堪者，免其着役，止出工食，追解該道，以益召募犒賞之費。所募精兵，專隨各兵備官屯劄，別選素有膽略屬官，分隊統押教習之。如此，則各縣屯戍之兵，既足以護守防截，而兵備募召之士，又可以應變出奇。盜賊漸知所畏而革心，平良益有所恃而無恐，是使聲罪之義克振，然後撫綏之仁可施矣。

立兵符。

先生謂：「習戰之方，莫要於行伍；治衆之法，莫先於分數。將調集各兵，每二十五人編爲一伍，伍有小甲；五十人爲一隊，隊有總甲；二百人爲一哨，哨有長，協哨二人；四百人爲一營，營有官，有參謀二人；一千二百人爲一陣，陣有偏將；二千四百人爲一軍，軍有副將，偏將無定員，臨事而設。小甲，於各伍之中選才力優者爲之；總甲，於小甲之中選才力優者爲之；哨長，於千百户義官之中選材識優者爲之。副將得以罰偏將，偏將得以罰營官，營官得以罰哨長，哨長得以罰總甲，總甲得以罰小甲，小甲得以罰伍衆。務使上下相維，大小相承。如身之使臂，臂之使指。自然舉動齊一，治衆如寡，庶幾有制之兵矣。編選既定，仍每五人給一牌，備列同伍二十五人姓名，使之連絡習熟，謂之伍符。每隊各置兩牌，編立字號，一付總甲，一藏本院，謂之隊符。每哨各置兩牌，編立字號，一付哨長，一藏本院，謂之哨符。每營各置兩牌，編立字號，一付營官，一藏本院，謂之營符。凡遇征調，發符比號而行，以防奸僞。其諸緝養訓練之方，旗鼓進退之節，皆要逐一講求，務濟實用，以收成績。」

二月，平漳寇。

初，先生道聞漳寇方熾，兼程至贛，即移文三省兵備，剋期起兵，無失機事，召募智勇集于轅門。自正月十六日蒞任，才旬日，即議進兵。兵次長富村，遇賊大戰，斬獲頗多，賊奔象湖山拒守，我兵追至蓮花石，與賊對壘。會廣東兵至，方欲合圍，賊見勢急，遂潰圍而出，指揮覃桓、縣丞紀鏞，馬陷深泥，死之。諸將請調狼兵，俟秋再舉，先生乃責以失律之罪，使立功自贖。既而諸將進議未決，先生曰：「兵宜隨時，變在呼吸，豈宜各持成説？福建諸軍稍緝，且咸有立功贖罪之心，利在速戰。若當集謀之始，即掩賊不備，奮擊而前，成功可必。今既曠日持久，聲勢彰聞，各賊必聯黨設械，以禦我師。且宜示以寬懈，待間而發，而猶執其乘機之説，張皇於外，以堅賊志，是謂知吾卒之可擊，而不知敵之未可擊也。廣東之兵，集謀稍緩，意在倚重狼達土軍然後舉事，利於持久。諸賊亦候吾士兵之集以卜戰期，其備必弛。若因而形之以緩，乘此機候，正可奮怯爲勇，變弱爲强，而猶執其持重之説，以坐失事機，是徒知吾卒之未可擊，而不知敵之正可擊也。善用兵者，因形而借勝於敵，故其戰勝不復，而應形於無窮。勝負之算，間不容髮，烏可執滯？」於是親率諸道鋭卒，進屯上杭，密勅群哨，佯言犒衆退師，俟秋再舉。密遣義官曾崇秀覘賊虚實，乘其勢懈，會選精兵，分爲三路，俱於二月十九日，乘晦夜啣枚並進，直搗象湖，奪其隘口。諸賊失險，復據上層峻壁，四面滚木礧石，以死拒戰。我兵奮勇鏖戰，自辰至午，呼聲震地，三省奇兵從間道鼓譟突登，乃驚潰奔走，遂乘勝追剿。已而福建兵攻破長富村等巢三十餘所，廣東兵攻破水竹、大重坑等巢一十三所，斬首從賊詹師富、温火燒等七千有奇，俘獲賊屬輜重無算，而諸洞蕩滅。是役僅三月，漳南數十年逋寇悉平。○按别録，先生班師奏捷，具言福建僉事胡璉、參政陳策、副使唐澤、知府鍾湘、廣東僉事顧應祥、都指揮楊懋、知縣張戩，皆有勞績。事聞，賜勅獎賚，其餘陞賞有差。○先是，初議進兵，諭諸將曰：「賊雖據險而守，尚可出其不意，掩其不備，則用鄧艾破蜀之策，從間道以出。若賊果盤據持重，可以計困，難以兵克，則用充國破羌之謀，減冗兵以省費。務在防隱禍于顯利之中，絶深奸于意料之外，萬全無失。」已而桓等狃於小勝，不從間道，故違節制，以致挫衄，諸將志沮，遂請濟師。先生獨以爲見兵二千有餘，已爲不少，不宜坐待濟師以自懈，遥制以失機也。遂親督兵而出，卒以成功。

四月，班師。

時三月不雨，至于四月。先生方駐軍上杭，禱于行臺，得雨，以爲未足，及班師，一雨三日，民大悦。有司請名行臺之堂曰「時雨堂」，取王師若時雨之義也。先生乃爲作記。是日，參政陳策、僉事胡璉至自班師。

奏設平和縣，移枋頭巡檢司。

先生以賊本據險，久爲民患，今幸滅賊平巢，惟有設縣控制，屯兵要害，爲得拊背扼吭之策，乃奏請設平和縣治于河頭，移河頭巡檢司于枋頭。蓋以河頭爲諸巢之咽喉，而枋頭又河頭之唇齒也。且曰：「方賊之據河頭也，窮凶極惡，至動三軍之衆，合二省之力而始克蕩平。若不及今爲久遠之圖，不過數年，勢將復起，後悔無及矣。蓋盜賊之患，譬諸病人，興師征討者，針藥攻治之方；建縣撫輯者，飲食調攝之道。徒恃攻治而不務調攝，則病不旋踵，後雖扁鵲、倉公，無所施其術矣。」○按是月，聞蔡宗兖、許相卿、季本、薛侃、陸澄同舉進士，先生曰：「入仕之始，意況未免摇動。如絮在風中，若非粘泥貼網，亦自主張未得。不知諸友却何如？想平時功夫亦須有得力處耳。」又聞曰仁病告，買田霅上，以爲諸友久聚之計，先生遺二詩慰之。

九月，提督南、贛、汀、漳軍務。

虔鎮舊止以巡撫蒞之，至周南曾請旗牌，隨繳還。至是先生復以請，遂有提督之命，是後因之不復更。其請旗牌疏曰：「據兵備副使楊璋呈，大明律『失誤軍事』條：領兵官已承調遣，不依期進兵策應，若承差告報軍期違限，因而失誤軍機者，並斬。『從軍違期』條：若軍臨敵境，託故違期，三日不至者，斬。『主將不固守』條：官臨陣先退，及圍困敵城而逃者，斬。此罰典也。又見行原擬直隸、山東、江西等處征剿流賊陞賞事例：一人并二人爲首，就陣擒斬以次劇賊一名者五兩，二名者十兩，三名者陞實授一級，不願者賞銀十兩。陣亡者陞一級，俱准世襲，不願者賞銀十兩。擒斬從賊六名以上至九名者，陞實授二級，餘功加賞。不及六名，除陞一級之外，加算賞銀。三人四人五人以上，共擒斬以次劇賊一名者，賞銀十兩均分，從賊一名者，賞銀五兩均分。領軍把總等官，自斬賊級，不准陞賞，部下獲賊七十名以上者陞署一級，五百名者陞實授一級，不及數者量賞。一人捕獲從賊一名者，賞銀四兩，二名者賞銀八兩，三名者陞一級。以次劇賊一名者，陞署一級，俱不准世襲，不願者賞銀五兩。此賞格也。賞罰如此，宜乎人心激勸，功無不立。然而有未能者，蓋以罰典行于參提之後，而不行于臨陣之時；賞格行于大軍征剿，而不行于尋常用兵故也。且以嶺北一道言之，四省連絡，盜賊淵藪。近如賊首謝志珊等，數千餘徒，每督兵追剿，僅得解圍退散，卒不敢決一勝者，以無賞罰爲之激勸耳。

宜申明舊典，今後凡遇討賊，領兵官無論軍衛有司，領兵衆有退縮不用命者，許領兵官軍前以軍法從事；領兵官不用命者，許總統官軍前以軍法從事。所領兵衆有對敵擒斬功次，或赴敵陣亡，從實具報，覈實奏聞，陞賞如制。若生擒賊徒，問明，即時押赴市曹，斬之以狥，庶人知懼，亦可比于令典決不待時者。如此，則賞罰既明，人心激勵，盜起即得撲滅，糧餉可省，事功可建。呈乞奏聞議處。臣卷查三省盜賊，二三年前，總計不過三千有餘。今據所在官司申報，殆將數萬，不啻十倍于前。臣嘗深求其故，詢諸官僚，訪諸父老，采諸道路，驗諸田野，皆以爲盜賊日滋，由於招撫太濫；招撫太濫，由于兵力不足；兵力不足，由于賞罰不行，誠有如璋所言者。臣請爲陛下略言其故。盜賊之性，雖皆凶頑，固亦未嘗不畏誅討。夫惟爲之而誅討不及，又從而招撫之，然後肆無所忌。蓋招撫之議，但可偶行於無辜脅從之民，而不可常行於長惡怙終之寇；可一施於回心向化之徒，而不可屢施於隨招隨叛之黨。南、贛之盜，其始也被害之民恃官府威令，猶或聚衆而與之角，及鳴之於官，而有司以爲既招撫之，則皆置不問。盜賊習知官府之不彼與也，益從而讐脅之。民不任其苦，知官府之不足恃，亦遂靡然而從賊。由是盜賊益無所畏而出劫日頻，知官府之必將己招也；百姓益無所恃而從賊日衆，知官府之不能爲己地也。夫平良有寃苦無伸，而盜賊反無求不遂，爲民者困征輸之劇，而爲賊者獲犒賞之勸，則亦何苦而不彼從乎？是故近賊者爲之戰守，遠賊者爲之鄉導，處城郭者爲之交援，在官司者爲之間諜。其始也出於避禍，其卒也從而利之。故曰盜賊日滋，由於招撫太濫者，此也。夫盜賊之害，神怒人怨，孰不痛心？而獨有司者必欲撫之，豈得已哉？誠使兵力足以殲渠魁而蕩巢穴，則百姓之憤雪，地方之患除，功成名立，豈非其所欲乎？然而南、贛之兵素不練養，類皆脆弱驕惰。每遇徵發，追呼旬日而始集，約束齎遣，又旬日而始至，則賊已掤載歸巢矣。即使遇賊，望塵先奔，猶驅群羊而攻猛虎，安得不以招撫爲事乎？故凡南、贛之用兵，不過文移調遣，以苟免坐視之罰；應名剿捕，而聊爲招撫之媒。求之實用，斷有不敢，何則？兵力不足，則剿捕必不能克；剿捕不克，則必有失律之咎。則必征調日繁，督責日至，糾舉論劾，四面而起，往往坐是落職敗名者有之。招撫之策行，則可安居無事，可無調發之勞，可無戴罪之責，可無遷轉之滯。夫如是，亦孰不以招撫爲得計？是故寧使百姓荼毒，而不敢出一卒以抗方張之虜；寧使孤兒寡婦之顛連疾苦，而不敢提一旅以忤招撫之議。其始也出於不得已，其卒也遂守以爲常策。故曰招撫太濫，由於兵力不足者，此也。古之善用兵者，驅市人而使戰，收散亡之卒以抗强虜。今南、贛之兵，尚足以及數千，豈盡無可用乎？然而金之不止，鼓之不進，未見敵而亡，不待戰而北。何者？進而效死，無爵賞之勸；退而奔逃，無誅戮之及。則進必有死，而退有幸生也，何苦而求必死乎？吴起有云：『法令不明，賞罰不信，雖有百萬，何益於用？』凡兵之情，畏我則不畏敵，畏敵則不畏我。今南、贛之兵，皆畏敵而不畏我，欲求其用，安可得乎？故曰兵力不足，由於賞罰不行者，此也。朝廷賞罰之典具在，但未申明而舉行耳。古者賞不踰時，罰不後事。過時而賞，與無賞同；後事而罰，與不罰同。况過時而不賞，後事而不罰，其何以齊一人心，作興士氣？雖使韓、白爲將，亦不能有所成，况如臣等腐儒，素不知兵者，亦復何所冀乎？議者以南、贛諸賊，連絡數萬，盤據四省，非奏調狼兵，大舉夾攻，不足掃蕩。然臣以爲狼兵之調，非獨所費不貲，兼其所過殘掠，不下於盜。况大兵之興，曠日持久，聲勢彰聞，比及舉事，渠魁悉遁，所可得者，不過老弱脅從。於是乎有横罹之慘，於是乎有妄殺之弊。班師未幾，而復以嘯聚，此皆往事之驗。臣亦近揀南、贛精鋭，得二千有餘，部勒操演，略有可觀。誠得以大軍誅賞之法，責而行之於平時，假臣等以便宜行事，不限以時，而惟成功是責，則比於大軍之舉，臣竊以爲可省半費而收倍功。臣請以近事證之。臣於本年正月抵贛，卷查兵部咨行題准申明律例：『今後地方但有草賊生發，事情緊急，該管官司即依律調發策應。凡係軍情，即爲馳奏。敢有遲延隱匿，巡撫、巡按、三司官即便參問，罷職充軍如律。雖不係聚衆草賊，但係有名强盜，肆行劫掠，賊勢凶惡，白晝攔截，或明火持杖，無論爲徒衆寡，亟爲設法緝捕，即爲申報上司，具申兵部處分。如有仍前隱蔽，以致滋蔓貽害，從重參究。』時以缺官，久未及行，臣至即刊布遠近，未及一月，而大小諸司以賊情來報者接踵，亦遂屢有斬獲者。蓋兵得隨時調用，官無觀望掣肘，自然無可退託，思效其力。是律例具存，前此惟不申明而舉行耳。今使賞罰之典悉從而舉明之，其獲效亦未必不如是之速也。伏望念盜賊之日繁，哀民生之日蹙，憫地方荼毒之愈甚，痛百姓冤憤之莫伸，特勅兵部，俯采前議，亦如往者律例，更爲申明。特假臣等令旗令牌，便宜行事。如是而兵有不精，賊有不滅，臣等亦無以逃其死矣。夫任不專，權不重，賞罰不行，以致於僨軍敗事，然後選重臣，假以總制之權而往拯之，縱善其後，已無救於其所失矣。臣才弱多病，自度不足辦此，行從陛下乞骸骨。但今方待罪於此，心知其弊，不敢不爲陛下盡言。陛下從臣之請，使後來者得效其分寸，收討賊之功，臣亦得以少逭死罪於萬一矣。」事下兵部，尚書王瓊覆奏，以爲宜從所請。於是改巡撫爲提督，得以軍法從事，欽給旗牌八面，悉聽便宜。既而鎮守太監畢真謀于近倖，請監其軍。瓊奏以爲兵法最忌遥制，若使南、贛用兵，而必待謀于省城鎮守，斷乎不可。惟省城有警，則聽南、贛策應。事遂寢。

撫諭賊巢。

是時漳寇雖平，而龍川各賊巢尚多聚嘯，正欲平之，先以撫諭。其文曰：「本院巡撫是方，專以弭盗安民爲職。蒞任之始，即聞爾等積年流劫鄉村，殺害良善，民之被害來告者，月無虛日。本欲即調大兵剿除爾等，隨往福建督征漳寇，意待回軍之日，剿蕩巢穴。後因漳寇既平，紀驗斬獲功次七千六百有餘，審知當時倡惡之賊不過四五十人，黨惡之徒不過四千餘衆，其餘多係一時被脅，不覺慘然興哀。因念爾等巢穴之内，亦豈無脅從之人。

况聞爾等亦多大家子弟，其間固有識達事勢，頗知義理者。自吾至此，未嘗遣一人撫諭爾等，豈可遽爾興師翦滅，是亦近於不教而殺，異日吾終有憾於心。故今特遣人告諭爾等，勿自謂兵力之强，更有兵力强者；勿自謂巢穴之險，更有巢穴險者。今皆悉已誅滅無存，爾等豈不聞見？夫人之所共耻者，莫過於身被爲盜賊之名；人心之所共憤者，莫過於身遭劫掠之苦。今使有人罵爾等爲盜，爾必憤然而怒，爾等豈可心惡其名而身蹈其實。又使人焚爾室廬，劫爾財貨，掠爾妻女，爾必懷恨切骨，寧死必報。爾等以是加人，人其有不怨者乎？人同此心，爾寧獨不知，乃必欲爲此，其間想亦有不得已者。或是爲官府所迫，或是爲大户所侵，一時錯起念頭，誤入其中，後遂不敢出。此等苦情，亦甚可憫，然亦皆由爾等悔悟不切耳。爾等當時去做賊時，乃是生人尋死路，尚且要去便去。今欲改行從善，乃是死人求生路，乃反不敢，何也？若爾等肯如當初去做賊時，拼死出來，求要改行從善，我官府豈有必要殺汝之理。爾等久習惡毒，忍於殺人，心多猜疑。豈知我上人之心，無故殺一雞犬，尚且不忍，况於人命關天。若輕易殺之，冥冥之中斷有還報，殃禍及於子孫。何苦而必欲爲此？我每爲爾等思念及此，輒至於終夜不能寢安，亦無非欲爲爾等尋一生路。惟是爾等冥頑不化，然後不得已而興兵，此則非我殺之，乃天殺之也。今謂我全無殺爾之心，亦是誑爾。若謂必欲殺爾，又非吾之本心。爾等今雖從惡，其始同是朝廷赤子。譬如一父母同生十子，八人爲善，二人背逆，要害八人。父母之心，須除去二人，然後八人得以安生。均之爲子，父母之心，何故必欲偏殺二子？不得已也。吾於爾等，亦正如此。若此二子者，一旦悔惡遷善，號泣投誠，爲父母者亦必哀憫而赦之。何者？不忍殺其子者，乃父母之本心也。今得遂其本心，何喜何幸如之。吾於爾等，亦正如此。聞爾等辛苦爲賊，所得苦亦不多，其間尚有衣食不充者。何不以爾爲賊之勤苦精力，而用之於耕農，運之於商賈，可以坐致饒富而安享逸樂，放心縱意，遊觀城市之中，優游田野之内。豈如今日，擔驚受怕，出則畏官避讐，入則防誅懼剿，潛形遁跡，憂苦終身，卒之身滅家破，妻子戮辱，亦有何好？爾等好自思量，若能聽吾言，改行從善，吾即視爾爲良民，撫爾如赤子，更不追咎爾等舊惡。若習性已成，難更改動，亦由爾等任意爲之。吾南調兩廣之狼達，西調湖湘之土兵，親率大軍，圍爾巢穴，一年不盡，至于兩年，兩年不盡，至于三年，爾之財力有限，吾之兵糧無窮。縱爾等皆爲有翼之虎，諒亦不能逃於天地之外。嗚呼！吾豈好殺爾等哉？爾等苦必欲害吾良民，使吾民寒無衣，饑無食，居無廬，耕無牛，父母死亡，妻子離散。吾欲使吾民避爾，則田業被爾等所侵奪，已無可避之地。欲使吾民賄爾，則家資爲爾所據，已無可賄之財。就使爾等今爲我謀，亦必須盡殺爾等而後可。吾今特遣人撫諭爾等，賜爾等牛酒銀錢布疋，與爾妻子。其餘人多，不能遍及。各與曉諭一道，爾等好自爲謀。吾言已無不盡，吾心已無不盡。如此而爾等不聽，非我負爾，乃爾負我，我則可以無憾矣。嗚呼！民吾同胞，爾等皆吾赤子，吾終不能撫恤爾等，而至於殺爾。痛哉痛哉！興言至此，不覺淚下。」○按是諭文雖爲西向專征，佯撫樂昌、龍川諸賊，以沮離其黨，然其哀憐無辜，反覆開諭之誠，實足以動格心向化者之念。當是時，各寨酋長，若黃金巢、盧珂等，即率衆出投，非徒免其殺戮，且願出力立效，卒藉其衆以誅，後夫至今，稱爲新民。百世之下，讀是諭文者，可以想見虞廷干羽之化矣。

十月，平橫水、桶岡諸寇。

江西南、贛西接湖廣桂陽，有桶岡、横水諸賊巢，南接廣東樂昌，東接廣東龍川，有浰頭諸賊巢。大賊首謝志珊，號「征南王」，糾率大賊鍾明貴、蕭規模、陳曰能等，約會樂昌高快馬等，大修戰具，并造呂公車。聞廣東官兵方有事府江，欲先破南康，乘虚入廣。先是，湖廣巡撫都御史陳金題請三省夾攻，先生以桶岡、横水、左溪諸賊，荼毒三省，其患雖同，而事勢各異。以湖廣言之，則桶岡爲賊之咽喉，而横水、左溪爲之腹心；以江西言之，則横水、左溪爲賊之腹心，而桶岡爲之羽翼。今不去腹心，而欲與湖廣夾攻桶岡，進兵兩寇之間，腹背受敵，勢必不利。今議者皆以爲必須先攻桶岡，然湖廣剋期乃在十一月朔，賊見我兵未集，師期尚遠，且以爲必先桶岡，勢必觀望未備。今若出其不意，進兵速擊，可以得志。已破横水、左溪，移兵而臨桶岡，破竹之勢，蔑不濟矣。於是決意先攻横水、左溪。分定哨道，指授方略，密以十月己酉進兵。至十一月己巳，凡破賊巢五十餘處，擒斬大賊首謝志珊等五十六名顆，從賊首級二千一百六十八名顆，俘獲賊屬二千三百二十四名口，盡拔諸巢。衆請乘勝進兵桶岡，先生復以桶岡天險多畜，往者夾攻，數月無功。其所由入，惟鎖匙龍、葫蘆洞、茶坑、十八磊、新地五處，然皆架棧梯壑，於崖巔坐發礌石，可無執兵而禦我師。惟上章一路稍平，然迂迴半月，湖兵從入，我師復往，事皆非便。今横水、左溪餘賊皆奔入，同難合勢，爲守必力。善戰者，其勢險，其節短。今我欲乘全勝之鋒，兼三日之程，百里爭利，彼若拒而不前，頓兵幽谷，强弩之末，不能穿魯縞矣。莫若移屯近地，休兵養威，使人諭以禍福，彼必懼而請伏。或有不從，乘而襲之，乃可以逞。乃使其黨往説之，賊喜，方集議，而横水、左溪奔入之賊，果堅持不可，遲疑不暇爲備，而我兵分道疾進，前後合擊，賊遂大敗。破巢三十餘處，擒斬大賊首藍天鳳等三十四名，從賊首級一千一百四名顆，俘獲賊屬二千三百名口。先生以捷聞。○按疏言：「大盗藍天鳳、謝志珊等，盤據千里，荼毒數郡，僭擬王號，圖謀不軌。自稱盤皇子孫，收有傳流寶印、畫像，蠱惑群賊，基禍種惡，且將數十餘年，而虐焰之熾盛，毒流之慘極，亦已數年于兹。前此亦嘗夾攻，曾不能損其一毛，屢加招撫，適足以長其桀驁。乃今驅卒不過萬餘，用費不過三萬，兩月之間，俘斬六千，破巢八十，渠魁授首，噍類無遺。此豈臣等賢於昔人，是皆仰仗朝廷威德之被，廟堂處置得宜，既假臣以賞罰之權，復專臣以提督之任。故臣得以伸縱自由，舉動如志，奉成算以成事，循方略而指揮，將士有用命之美，進止無掣肘之虞，則是追獲獸兔之捷，實由發縱指示之功。臣等偶叨任使，奚敢冒非其績？夫謀定於帷幄之中，而勝決於千里之外；命出於廟堂之上，而威行於百蠻之表。臣等敢爲朝廷國議有人賀，且自幸其所遭，得以苟免覆餗之戮也。是役也，監軍副使楊璋、參議黄宏、領兵都指揮許清、指揮使郟文、知府邢珣、季斆、伍文定、唐淳、知縣王天與、張戩、指揮余恩、馮翔、縣丞舒富，隨征參謀等官指揮謝昶、馮廷瑞、姚璽、同知朱憲、推官危壽、徐文英、知縣陳允諧、黄文鸑、宋瑢、陸璥、千户陳偉、高睿等，或監軍督餉，或領兵隨征，皆深歷危險，備嘗艱難，各效勤苦，共成克捷，俱合甄録，以勵將來。伏願丕彰廟堂之大賞，兼收行伍之微勞，激勸既行，功庸益集。自然盜賊寢息，百姓安生。」捷聞，賜勅獎諭。

十二月，班師。

師至南康，百姓沿途頂香迎拜，所經州縣隘所，各立生祠。遠鄉之民，各肖像于祖堂，歲時尸祝。

閏十二月，奏設崇義縣治，及茶寮隘上堡、鉛廠、長龍三巡檢司。

先生上言：「橫水、左溪、桶岡諸賊巢，凡八十餘，界乎上猶、大庾、南康之中，四方相距各三百餘里，號令不及，以故爲賊所據。今幸削平，必建立縣治以示控制。議割上猶崇義等三里，大庾義安三里，南康至坪一里，而特設縣治于橫水，道里適均，山水合抱，土地平坦，仍設三巡檢司以遏要害。茶陵復當桶岡之中[一]，西通桂陽、桂東，南連仁化、樂昌，北接龍泉、永新，東入萬安、興國，宜設隘保障。令千户孟俊伐木立栅，移皮袍洞隘兵，而益以鄰近隘夫守焉。」議上，悉從之，縣名崇義。

十三年正月，出師征三浰。

與門人薛侃書曰：「即日已抵龍南，明日入巢，四路皆如期並進，賊有必破之勢矣。向在橫水，嘗寄書仕德云：『破山中賊易，破心中賊難。』區區翦除鼠竊，何足爲異？若諸賢掃蕩心腹之寇，以收廓清平定之功，此誠大丈夫不世之偉績。數日來，諒已得必勝

[一]　茶陵復當桶岡之中　按，此據設立茶寮隘所改寫，「陵」當爲「寮」之訛。

之策，奏捷有期矣。何喜如之。梁日孚、楊仕德，誠可與共學。廨中事以累尚謙，小兒正憲，猶望時賜督責。」時延尚謙爲正憲師，兼倚以衙中政事，故云。

二月，奏移小溪驛。

三月，襲平大帽、浰頭諸寇。

先生初議先攻橫水，次攻桶岡，而末乃會圖廣東，徐圖浰頭。如攻堅木，先其易者，後其節目。方進兵橫水也，恐浰頭乘虛出擾，思有以沮離其黨，乃爲告諭，具述禍福，賜以銀布，亦多感動，寨首黃金巢等，皆願從使者出投。惟大賊首池仲容獨曰：「我等爲賊已非一年，官府來招亦非一次，何足爲憑？待金巢等無事，降未晚也。」金巢等既至，迺釋其罪，推誠撫之，各願立效，於是籍其衆五百餘徒征橫水。橫水既破，仲容等始懼，使其弟池仲安率二百餘徒，求隨衆立效，意在緩兵，因爲内應。陽許之。進攻桶岡，使領其衆截路于上新地，以遠其歸途，内嚴警備，外若寬假。陰使人分召鄰賊被害者，詣軍門計事，皆以此賊凶狡，兩經夾勦，狼兵二三萬，竟無功。且曰：「狼兵易與耳。調來亦須半年，我避只消一月。」蓋謂其來不能速，留不能久也。今且僭號設官，逆謀益甚，非大調狼兵不可。先生以爲兵無常勢，因敵制勝，今賊謂必待狼兵，此所以不必狼兵而可以攻之也。乃密畫方略，使各歸部集，候我兵有期，則據隘遏賊。及破桶岡，賊益懼，爲戰守備，復使人詣賊，賜各酋牛酒以察其變。賊度不可隱，則詐稱龍川新民盧珂、鄭志高等將掩襲之，故自爲防，非敢虞官兵也。亦陽信其言，因復陽怒盧珂等擅兵讎殺，移檄龍川，使廉其實，且令各賊伐木開道，將回兵取道討之。賊聞，且信且懼，因使人來謝無勞官兵。會盧珂等各來報變，先已諜知其事，即陽怒，以爲爾等擅兵讎殺，乘機誣陷，且仲容等方遣弟報效，安得有此，遂收縛珂等，將斬之。時仲安之屬，初大驚懼，至是皆羅拜懽呼，競訴珂等罪惡。因陽令具狀，謂將并拘其黨屬盡斬之。於是遂械繫珂等，而密諭以意，且使其先遣人歸，集衆以俟。又遣使諭仲容，使勿自疑，密購其所親信，陰說之使降。迨兵已還贛，乃張樂大享將士，散兵歸農，示不復用，而使仲安亦領衆以歸，以備珂等。賊衆皆喜，遂弛備。又使余恩賫曆往賜，賊衆益喜。所遣黃表等因說使往謝，所購親信者復從旁贊之，仲容遂率其麾下，共九十三人，自詣贛。乃密遣人先行屬縣，勒兵分哨，候報而發。又遣孟俊，先至龍川督集珂等兵。以道經浰巢，別齎一牌，以拘捕珂等黨屬爲名。各賊聞俊往，果遮迎問故，見牌，不復爲意。仲容等至贛，見官兵散歸，以爲不復用兵。密賂獄卒，私覘珂等械繫深固，乃大喜，遣人歸報其屬曰：「乃今吾事始得萬全矣。」乃夜釋珂等，使馳歸發兵，而令官僚次設牛酒，日犒仲容等，以緩其歸。正月癸卯，度珂等已至屬縣，勒兵已集，乃設犒于庭，先伏甲士，引仲容入，并其黨悉殲之。出珂等所告狀，皆伏，悉寘于獄。夜使趣發屬縣兵，期以初七日丁未，同時入巢。知府陳祥、邢珣等，各從信地而入，先生自率帳下，從龍南冷水直擣下浰，別使副使楊璋從後監督各哨，分路同時並進，會於三浰。遂破其巢穴三十八處，擒斬大賊首池仲容二十九名顆，次賊首三十八名顆，從賊二千零六名顆。餘徒奔聚九連山，設計度險，斷其後路，盡擒之，乃撫其歸順張仲全等二百餘徒。遂相視地里險易，經理立縣設隘，爲久安長治之策，留兵防守而歸。先生以捷聞，疏言：「大賊首池仲容等，荼毒萬民，騷擾三省，比之上猶諸巢，尤爲桀驁。乃今臣等驅不練之兵，資缺乏之費，不踰兩月，而破姦雄不制之虜，以除三省數十年之患。實由朝廷明見萬里，洞察往弊，處置得宜，既假臣便宜，復改臣提督。以兵忌遥制，而重各省專征之責；事或牽狃，而抑守臣干預之請。授之方略而不拘以制，責其成功而不限以時。以故詔旨一頒，而賊先破膽奪氣；咨文一布，而人皆踴躍爭先。是乃所謂得先勝之算於廟堂，收折衝之功於罇俎，實用兵之要道，制事之良法也。臣偶叨任使，濫竽成功，敢於獻捷之餘，拜首啓首以賀。伏願推成功之所自，原發縱之有因，庶無僭賞，以旌始謀。兵備副使楊璋，監軍給餉，多資贊畫，紀功督戰，備歷辛苦，十旬兩剿，功勞獨著，宜加顯擢，以勵功能。守備指揮郟文、知府邢珣、季斆、推官危壽、指揮余恩、姚璽，及千户孟俊、縣丞舒富等，皆身親行伍，屢立戰功，俱合獎擢，庶示激揚，以爲後勸。臣本凡庸，繆當重任，偶逢機會，幸免敗事。然功非其才，福已踰分，遂沾痿痺之疾，既成廢棄之人。別疏乞休，惟垂察焉。」

◯按先生未至贛時，已聞有三省夾攻之議，謂夾攻大舉，恐不足以滅賊，乃進疏攻治二說。謂：「朝廷若假以賞罰重權，使得便宜行事，動無掣肘，可以相機而發。一寨可攻則攻一寨，一巢可撲則撲一巢，量其罪惡之淺深，而爲撫剿之先後，則可省供饋征調之費，日翦月削，漸盡灰滅。此則如昔拔齒之喻，日漸動摇，齒拔而兒不覺者也。然而下民之情，莫不欲大舉夾攻，以快一朝之忿。必須南調兩廣之狼達，西調湖湘之土兵，四路並進，一鼓成擒，庶幾數十年之大患可除，千萬人之積冤可雪。然而以兵法十圍五攻之例，計賊二萬，須兵十萬，日費千金，疲於道路，不得操事者七十萬家。積粟料財，數月而事始集，聲迹彰聞，兵未出境，賊已深逃，鋒刃所加，不過老弱脅從之輩耳。況狼兵所過，不減於盜。近年江西有姚源之役，福建有汀、漳之寇，府江之師方集於兩廣，偏橋之討未息於湖湘。若復加以大兵，民將何以堪命？此則一拔去齒而兒亦隨斃者也。」時疏方上，而夾攻成命已下矣。先生又進議夾攻，「名雖三省大舉，其實舉動次第，自有先後。如江西之南安有上猶、大庾、桶岡等處賊巢，與湖廣桂東、桂陽接境，夾攻之舉，止宜江西與湖廣會合，而廣東於仁化縣要害把截，夾攻不與焉。贛州之龍南有浰頭賊巢，與廣東龍川接境，夾攻之舉，止宜江西與廣東會合，而湖廣不與焉。廣東樂昌、乳源賊巢，與湖廣宜章縣接境，惠州賊巢與湖廣臨武縣接境，仁化縣賊巢與湖廣桂陽縣接境，夾攻之舉，止宜湖廣、廣東二省會合，而江西於大庾縣要害把截，夾攻不與焉。若不此之察，必欲通待三省兵齊，然後進剿，則老師費財，爲害匪細。今宜先合湖廣、江西之兵，併力而舉上猶諸賊，逮事之畢，廣東之兵亦且集矣。則又合湖廣、廣東之兵，併力而舉樂昌諸處，逮事之畢，江西之兵又得以少息矣。則又合廣東、江西之兵，併力而舉龍川。方其併力於上猶也，則姑遣人佯撫樂昌諸賊以安其心。彼見廣東既未有備，而湖廣之兵又不及已，乃幸旦夕之生，必不敢越界以援上猶。及夫上猶既舉，而湖廣移兵以合廣東，則樂昌諸賊其勢已孤，二省兵力益專，其舉益易。當是之時，龍川賊巢相去遼絶，自以爲風馬牛不相及，彼見江西之兵又徹，意必不疑。班師之日，出其不意，回軍合擊，蔑有不濟者矣。」疏上，朝廷許以申明賞罰事例，使之便宜行事。至是諸巢撲滅，盡酬前議，而二省依期進兵，賊已蕩平矣。方桶岡之既滅也，而湖廣兵期始至，恐其徒勞遠涉，即獎勵統兵參將史春，使之即日回軍。及設計擒斬浰頭，而廣東之兵尚不及聞。惟時當事者，尚以欺誑失信見責。噫！執尾、白之信而趨，必無可成之功，毒民誤國甚矣。大信不約，善計者爲之乎？

四月，班師，立社學。

先生謂民風不善，由于教化未明。近因地方多盜，民遭荼毒，驅馳兵革，朝夕不遑，所謂救死不贍，奚暇治禮義哉！今幸盜賊稍平，民困漸息，一應移風易俗之事，雖未能盡舉，姑且就其淺近易行者，開導訓誨。即行告諭，發南、贛所屬各縣，父老子弟，互相戒勉。興立社學，作訓蒙大意。延師教子弟，歌詩習禮。令童子出入街衢，官長至，俱使叉手拱立。先生遇見，或時賚賞訓誘之。久之，市民亦知冠服。朝夕歌聲，達於委巷，雍雍然漸成禮讓之俗矣。觀者莫不興歎，謂古稱王道易易者，誠非虛語也。○按訓蒙大意示教讀劉伯頌等曰：「古之教者，教以人倫。後世記誦詞章之習起，而先王之教亡。今教童子，惟當以孝弟忠信、禮義廉耻爲專務。其栽培涵養之方，則宜誘之歌詩，以發其志意；導之習禮，以肅其威儀；諷之讀書，以開其知覺。今人往往以歌詩習禮爲不切時務，此皆末俗庸鄙之見，烏足以知古人立教之意哉？大抵童子之情，樂嬉遊而憚拘檢。如草木之始萌芽，舒暢之則條達，摧撓之則衰痿。今教童子，必使其趨向鼓舞，中心喜悅，則其進自不能已。譬之時雨春風，霑被卉木，莫不萌動發越，自然日長月化。若冰霜剥落[一]，則生意蕭索，日就枯槁矣。故凡誘之歌詩者，非但發其志意而已，亦所以洩其跳號呼嘯於咏歌，宣其幽抑結滯於音節也；導之習禮者，非但肅其威儀而已，亦所以周旋揖讓而動盪其血脉，拜起屈伸而固束其筋骸也；諷之讀書者，非但開其知覺而已，亦所以沉潛反復而存其心，抑揚諷誦以宣其志也。凡此，皆所以順導其志意，調理其性情，潛消其鄙吝，默化其麤頑。日使之漸於禮義而不苦其難，入於中和而不知其故，是蓋先王立教之微意也。若近世之訓蒙稺者，日惟督以句讀課倣，責其檢束而不知導之以禮，求其聰明而不知養之以善，鞭撻繩縛，若待拘囚。彼視學舍如囹獄而不肯入，視師長如寇仇而不欲見，窺避掩覆以遂其嬉遊，設詐飾詭以肆其頑鄙，偷薄庸劣，日趨下流。是蓋驅之於惡而求其爲善也，何可得乎？凡吾所以教，實在於此，恐時俗不察，視以爲迂，且吾亦將去，故特叮嚀以告。爾諸教讀，其務體吾意，永以爲訓，毋輒因時俗之言，改廢其繩墨，庶成蒙以養正之功矣。念之念之。」

五月，奏設和平縣。

[一] 若冰霜剥落　「冰」，底本訛作「才」，據毛本改。

和平縣治，本和平峒羊子地，爲三省賊衝要路。其中山水環抱，土地坦平，人煙輳集，千有餘家。東去興寧、長樂、安遠，西抵河源，南界龍川，北際龍南，各有數日程。其間山水阻隔，道里遼遠，人跡既稀，奸宄多萃。相傳原係循州、龍川、雷鄉一州二縣之地，後爲賊據，止存龍川一縣，厥後州縣既廢，聲教不及。洪武中，賊首謝士真等相繼作亂，遂極陵夷。先生謂宜乘賊平，脩復縣治，以嚴控制，改和平巡檢司于浰頭，以遏要害，庶爲保安至計。議上，悉從之。

六月，陞右副都御史，廕子錦衣衛，世襲百户。

旌橫水、桶岡功也。先生具疏辭免曰：「臣以章句陋儒，過蒙國恩，不終擯斥，投之閒散之中，授以巡撫之寄。時臣方抱病請告，偶值前官有托疾避難之嫌，本兵責以大義，朝廷譴之簡書，臣遂狼狽蒞事。當是時，兵耗財匱，盜熾民窮，束手無策。朝廷念民命之顛危，慮臣力之薄劣，謂其責任不專，無以聯屬人心；賞罰不重，無以作興士氣；號令不肅，無以督調遠近。於是本兵議假臣以賞罰則從之，議給臣以旗牌則從之，議改臣以提督則從之。授之方略而不拘以制，責其成功而不限以時。由是臣以賞罰之柄而激勵三軍之氣，以旗牌之重而號召遠近之兵，以提督之權而紀綱八府一州之吏，伸縮如志，舉動自由。於是兵威漸振，賊氣先奪，成軍而出，一鼓而破横水，再鼓而滅桶岡。振旅復舉，又一鼓而破三浰，再鼓而下九連，皆役不再籍，兵無挫刃。遣官齎執旗牌，以麾督兩廣夾剿之師，亦罔不用命，咸奏膚功。由是言之，凡臣之得藉以成功者，皆本兵之議，朝廷之斷也。臣亦何功之有，而敢冒承其賞乎？辟之駑馬而得良御，馬之得盡其力，皆御馬者之力也，而遂歸于馬，可乎？况臣福過災生，已嘗懇疏求告。今乃求退獲進，引咎蒙賚，其如賞功之典何？」奏入，不允辭。

七月，刻古本大學。

先生出入賊壘，未暇寧居。門人薛侃、歐陽德、梁焯、何廷仁、黄弘綱、薛俊、楊驥、郭治、周仲、周衡、劉魁、郭持平、劉道、袁夢麟、王舜鵬、王學益、余光、王槐密、黄鎣、吴倫、陳稷、劉魯、扶黻、吴鶴、薛僑、薛宗銓、歐陽昱，皆講聚不散。至是回軍休士，始得專意于朋友，日與發明大學本旨，指示入道之方。先生在龍場時，疑朱子大學章句非聖門本旨，手録古本，伏讀精思，始信聖人之學，本簡易明白。其書止爲一篇，原無經傳之分，格致本於誠意，原無缺傳可補。以誠意爲主，而爲致知格物之功，故不必增一敬字。以良知指示至善之本體，故不必假於見聞。至是録刻成書，傍爲之釋，而引以序。

刻朱子晚年定論。

先生自序，其略曰：「昔謫官龍場，居夷處困，動心忍性之餘，恍若有悟，體驗探求，再更寒暑，證諸六經四子，洞然無復可疑。獨於朱子之説，有相牴牾，恒疚於心，切疑朱子之賢，而豈其於此尚有未察？及官留都，復取朱子之書而檢求之，然後知其晚歲固已大悟舊説之非，痛悔極艾，至以爲自誑誑人之罪，不可勝贖。世之所傳集註、或問之類，乃其中年未定之説，自咎以爲舊本之誤，思改正而未及，而其諸語類之屬，又其門人挾勝心以附己見，固於朱子平日之説，猶有大相繆戾者。而世之學者局於見聞，不過持循講習於此，其於悟後之論，槩乎其未有聞，則亦何怪乎予言之不信，而朱子之心無以自暴於後世也乎？予既自幸説之不繆於朱子，又喜朱子之先得我心之同然，且慨夫世之學者，徒守朱子中年未定之説，而不復知求其晚歲既悟之論，競相呶呶以亂正學，不自知其已入於異端，輒採録而裒集之，私以示夫同志，庶幾無疑於吾説，而聖學之明可冀矣。」

〇按先生與安之書曰：「留都時偶因饒舌，遂至多口，攻之者環四面，取朱子晚年悔悟之説，集爲定論，聊藉以解紛耳。門人輩近刻之雩都，初聞甚不喜，然士夫見之，乃往往遂有開發者，無意中得此一助，亦頗省頰舌之勞。近年篁墩諸公嘗有道一等編，見者先懷黨同伐異之念，故卒不能有入，反激而怒。今但取朱子所自言者表章之，不加一辭，雖有褊心，將無所施其怒矣。聊往數册，有志向者，一出指示之。」〇是年，門人徐愛卒，先生哭之慟。始，愛及門問學，於同門獨先，聞師教，即能洞悟真修，不以影響敏穎爲得。其聞道也，於同門亦獨先，首録傳習録、同志考以輔師教。接人和易謙冲，雖無意親人而人自親之。嘗遊南岳，夢一瞿曇撫其背曰：「爾與顔子同德，亦與顔子同壽。」自南京兵部郎中告病歸，與陸澄謀耕雪上之田以俟師歸，爲同志久聚計，不幸物故。先生每言及輒哭，數爲文而傷之。

八月，門人薛侃刻傳習録。

侃得徐愛所遺傳習録一卷，序二篇，與陸澄各録一卷，刻于虔。

九月，脩濂溪書院。

四方學者輻湊，始寓射圃，至不能容，乃脩濂溪書院以居之。

十月，舉鄉約。

先生自大征後，謂民雖格面，未知格心，舉行鄉約，以告諭父老子弟，使自相警戒。其辭曰：「頃者頑卒倡亂，震驚遠邇，父老子弟，甚憂苦騷動。彼冥頑無知，逆天叛倫，自求誅戮，究言思之，實足以憫悼。然亦豈獨冥頑者之罪，有司撫養之有缺，訓迪之無方，均有責焉。雖然，父老之所以倡率飭勵於平日，無乃亦有所未至歟？今倡亂渠魁，皆就擒滅，脅從無辜，悉已寬貸。地方雖已寧復，然創今圖後，父老所以教約其子弟者，自此不可以不豫。故今特爲保甲之法，以相警戒聯屬，父老其率子弟慎行之。務和爾鄰里，齊爾姻族，德義相勸，過失相規，敦禮讓之風，成淳厚之俗。本院奉命巡撫茲土，屬有哀疚，未遑匍匐來問父老疾苦，廉有司之不職，究民之利弊而興除之，故先遣告諭父老子弟，使各知悉。方春，父老善相保愛，督子弟及時農作毋惰。」

奏請疏通鹽法。

先是南、贛鹽稅，例滿三年當止。先生以連年兵餉不加於小民，惟取給於鹽稅。且廣鹽止行於南、贛，而不及袁、臨、吉，淮鹽行於袁、臨、吉，而常止於南昌，蓋廣鹽順流易，而淮鹽逆流難也。故三府之民長苦乏鹽，而廣商十伯成群，越禁而下，勢不能止。先生乃上議：「廣鹽行則商稅集，而用資於軍餉，賦省於貧民。廣鹽止則私販興，而弊滋於奸宄，利歸於豪右。況南、贛巢穴雖平，殘黨未盡，方圖保安之策，未有撤兵之期。若鹽稅一革，軍餉之費，苟非科取於貧民，必須仰給於内帑。夫民已貧而斂不休，是驅之從盜也；外已竭而殫其内，是復殘其本也。臣竊以爲宜開復廣鹽，著爲定額。」朝廷從之，至今軍民受其利。

奏謝陞蔭。

是年上浰頭捷音，論功，加蔭子錦衣衛副千户。先生具疏謝，其略曰：「正德十三年六月初六日，准兵部咨云云。臣竊惟因勞而進秩者，朝廷賞功之典；量能而受禄者，人臣自守之節；故功疑惟重。雖聖帝之寬仁，而食浮於行，尤君子所深耻。陛下之賜，行其賞功之典也；臣之不敢當者，亦惟伸其自守之節而已。軍志有之：『該罰而請不罰者有誅，該賞而請不賞者有誅。』古之人君，執其賞罰，堅如金石，信如四時。是以令之所播如轟霆，兵之所加無堅敵，而功之所成無愆期。今日之事，兵事也。漢臣趙充國云：『兵事當爲後法。』臣誠自知貪冒之耻，然亦安敢狥一己之小節，以亂陛下之軍政乎？但蔭子實非常典，私心終有所未安，黽勉受命，憂慚交集。自恨疾病之已纏，深懼圖報之無日。」

陽明先生年譜卷之三

門人餘姚錢德洪 編述
山陰王畿 補輯
後學吉水羅洪先 删正
滁上胡松
江陵陳大賓
揭陽黄國卿 校正
漳浦王健 校刻

十四年己卯，先生四十八歲。六月，奉勅勘處福建叛軍。十五日丙子，至豐城，聞逆濠反，返吉安。

時福州三衛軍人進貴等脅衆謀反，欽奉勅往勘之。六月初九日啓行[一]，十五日至豐城，知縣顧佖迎告是月十四日寧濠之亂，先生遂返舟。先是，寧邸世蓄異志，傳至濠，尤包藏禍心，矯飾文行。自正德初，政在逆瑾，厚與結納，風南昌諸生舉其孝行，撫按諸司爲之表奏，以鼓聲譽，要人心。而劉養正者，安成舉人也，素有詩文名，濠屈己招致，遂爲知己。尚書陸完嘗爲按察使，濠獨器重，以故陸亦心附之，及是完爲本兵，遂托之謀復護衛，羽翼既成，逆謀益急。其内官閻順等，潛至京師，奏發其事，朝廷悉置不問，且謫順等孝陵淨軍。濠益恃有内應，及聞上行邊，計納都督馬昂寡妹，密懷伺隙。陰養大盜閔念四、凌十一等，招引叛亡，己不便者，潛使盜屠其家。及完改吏部，王瓊代爲本兵，瓊度濠必反，乃申明軍律，督責天下撫臣，修武備以戒不虞。自是諸路戒嚴，捕盜甚急，凌十一已獲繫獄，復爲其黨劫出，瓊具奏責限，期于必得。濠恐，復風諸生知厚者頌其賢孝，挾當道奏之，以惑衆聽。是時江彬寵倖日盛，太監張忠因欲附彬以傾錢寧，會奏至，忠因密言于上曰：「聞錢寧、臧賢者交通寧王，將爲不軌耳。」上疑之。

[一]六月初九日啓行「六」，底本訛作「十」，據毛本、全書本改。

會太監張銳初亦通濠，既而信南昌人張儀言，遂附忠、彬以自安。會南昌人熊蘭時爲御史，因父讐濠，見保奏至，不勝忿，播言王必反，密謀于儀，求銳内應，而少師楊廷和亦欲復革護衛免後患，因許共成儀計。於是忠等乃洩濠計上前，且指姦細潛住交通爲證。上乃令太監韋霦傳旨：故事，凡王人奏事，事竣辭回，無有愆期。近或有遷延數月，或經年者，占居公館，有妨夷使。自今但有差奏事及入賀進貢人員，所司剋期遣還。如或故違，所司并刺事衙門督促起程，託故潛住者，具奏治罪。蓋入忠等語也。於是試御史蕭淮聞張儀述濠事甚悉，遂暴發其事，疏曰：「近奉勅旨，王人不得無故延留京師，臣有以窺陛下微意之所在矣。臣有隱憂，不忍緘默。竊見寧王不遵祖訓，包藏禍心，多殺無辜，横奪民産，虐害忠良，招納亡命，私造兵器，潛謀不軌，差來官校踵接，交通造謀，積有數年。近本府内官告變，流言籍籍。如致仕侍郎李士實、儀賓顧官祥、指揮葛江、王信、引禮丁璽、内使陳賢、王壽山、熊壽、涂欽、梁瑋、義官倪慶、盧孔彰、徐紀、趙七、謝涪、省祭官王海、秦梁、舍人李顯忠、羅黄、盧榮、校尉查伍、火信、伶人秦鎔、賊首凌十一、閔念四等，或爲腹心，或爲爪牙，共圖逆謀，待時而發，實爲今日亂臣賊子，關係宗社生靈安危，非細故也。陛下已著離明，宜奮乾斷，特勅錦衣衛逮繫黨與諸人至京，明正典刑，其潛住京師者，究治無失。其占奪官民事産，令所司盡爲覈實追給，謀復護衛屯田，勅兵部亟爲革削，以快人心，以遏亂萌。前鎮守太監畢真等，輒爲保奏賢行，副使李夢陽、僉事李淳、王奎、參政白金、參議王泰，皆附勢爲害者，宜即加罷削；布政使鄭岳、謫戍副使胡世寧，皆守正蒙害者，宜亟爲起用；庶幾人知順逆，尚有典刑，而禍變可弭矣。」疏入，張鋭、江彬等復贊之，姑假當道求褒奬之非，傳諭内閣下勅，切責鎮巡以抑之。而給事中徐之鸞、御史沈灼等，俱交章上反狀。廷和恐禍及，欲密遣官戒諭寧王，令納護衛自解，同官外廷皆不知也。一日，駙馬都尉崔元私令人問于瓊曰：「適聞宣召，使元明早赴闕，何事也？」瓊曰：「不知也。」遂過廷和問故，廷和佯驚曰：「果何事？」瓊笑曰：「公欺我耶？」廷和忸怩，徐曰：「宣德中，趙府有異志，命袁駙馬往諭，事遂得息，今遣崔公亦此意也。且將革其護衛，幸勿泄。」明旦，瓊至順門，見崔元領勅諭，瓊曰：「此大事，宜宣諭廷臣。」乃留元等，翌日，宣諭于廷遣之。勅曰：「蕭淮所言，關係宗社大計。朕念親親，不忍加兵，特遣太監賴義、駙馬都尉崔元、都御史顏頤壽往諭，革其護衛。」元等既行，廷和復奏，召兵部議發兵觀變。瓊曰：「此則可密不可泄。近部中因給事中孫懋、易讚建議選兵操江，爲江西流賊設備，疏入，留中日久，公第請如擬行之，備兵之方，無出此矣。」廷和默然，然外間不知，詔旨止以削寧府護衛爲事。會偵卒林華者，聞朝議閧甚，又逮奸細，晝夜奔告，才十有八日至南昌。值濠生辰，方宴諸司官僚，華請間具言之，且曰：「差官兼程且至，嗣聞宣召兵部，不知何事也。」濠大驚懼，以爲詔使此來，必用昔日蔡震擒荆藩故事，行且擒我。舊制，凡抄解宫眷，始遣駙馬親臣。濠習知之，固不記趙王故事也。宴罷，即密召士實及承奉劉吉等謀之。養正曰：「事急矣。明旦諸司當入謝，可即擒之，因而起事。」濠深然之，乃夜集賊首閔念四、淩十一、吴十三等，飭兵以俟。比諸司入謝，濠出立露臺，宣言于衆曰：「汝等知大義否？」巡撫都御史孫燧對曰：「不知。」濠曰：「太后有密旨，令起兵監國。」燧與副使許逵抗言曰：「天無二日，臣無二君，此是大義。惟有赤心耳，豈從汝反乎？」濠大怒，令指揮王信等並曳出斬之。劫鎮巡諸司下吏，奪其印。太監王宏、御史王金、公差主事馬思聰、金山、布政使胡濂、參政程杲、劉斐[一]、參議許效廉、黄宏、僉事顧鳳、指揮許清、白昂並繫獄。思聰與宏，皆不食而死。布政使梁辰、按察使楊璋、副使唐錦、都指揮馬驥並爲所脅。濠遂自置官屬，以吉暨萬鋭等爲僞太監，逼致仕侍郎李士實爲僞太師。先期館舉人劉養正于南浦驛，擇吉親駕車迎入爲僞國師。參政王綸爲僞兵部尚書，季斆暨僉事潘鵬、師夔輩，各預密謀，爲之宣力，閔念四等各授僞都指揮等官。移檄遠近，指斥乘輿，革正□（德）年號。脅辰咨呈府部，分遣所親婁伯、□□（王春）等四出招□（兵）[二]，中外洶洶。

十九日，上疏告變，遂起義兵。

濠既戕害守臣，因劫諸司，據會城，乃悉拘護衛，集亡命，括丁壯，號兵十萬，分命賊首凌十一等將之，僞太監涂欽監焉，大奪運船，順流東下。戊寅，襲南康，知府陳霖等棄其城遁。己卯，襲九江，兵備曹雷、知府汪穎、指揮劉勳等俱遁走，屬縣皆下。濠初

[一] 劉斐　底本訛作「劉裴」，據毛本、全書本改，下文倣此。

[二] 底本殘損，據毛本補「德」、「王春」、「兵」等字。

謀欲徑襲南京，遂犯北京，至是遂欲乘勝剋期東下。先生聞變即返舟，值南風急，舟弗能前，乃焚香拜泣告天曰：「天若哀憫生靈，許我匡扶社稷，願即反風助順。若無意斯民，守仁無生望矣。」須臾，忽轉北風，濠已遣内官喻才領兵追急。即夜，乃與幕士蕭禹、雷濟等計，潛入魚舟脱走。念濠徑襲南京，遂犯北京，必倉卒無備，欲沮撓使遲留旬月，庶遠近有備。於是故爲兩廣機密火牌，備兵部咨及都御史顔咨，率領狼達官兵四十八萬江西公幹。意示朝廷先遣顔輩勘事，已密於兩廣諸路□兵，乘時掩襲，冀以誤濠。令雷濟等計□□之。濠見檄，果生疑懼，遂遲延未發。□□四日夜即達吉安，又令濟等故爲□□飛報前事，一以動摇省城，一以鼓□吉安忠義[一]。十九日，上疏告變，乃與知府伍文定等共謀牽制之。於是遵便宜之制，傳檄四方，暴發逆濠罪狀，檄列郡起兵以應。疏留復命巡按御史謝源、伍希儒充紀功官，張疑兵于豐城，故示欲攻之勢。又故張接濟官軍公移，備云兵部咨題准，令許泰、郤永分領邊軍四萬，從鳳陽陸路進；劉暉、桂勇分領京邊官軍四萬，從徐、淮水陸並進；王守仁領兵二萬，楊旦等領兵八萬，陳金等領

[一] 底本殘損，共闕八字。

兵六萬，分道並進，剋期夾攻南昌。且曰原奉機密勑旨，皆是掩其不備，先發制人之謀。其時必以寧兵未舉，今彼兵出有期，却恐北來官軍有誤事機。若彼堅守南昌，則官軍遠來，天時地利，皆有不便，一時難圖。須是按兵徐行，或分兵先守南都，候其已離江西，或遮其前，或擊其後，破之必矣。又行間，以爲其謀主李士實、劉養正各密約爲内應，賊將凌十一、閔念四亦密狀投降，約反戈報效。仍令濟等親人，佯爲實事，使之潛行。又訪濠素交通之人，厚加結納，密與謀圖，冀泄其事於濠。濠果生猜忌，雖素恃爲謀主，亦不免致疑，乃自留兵會城，以觀其變。至七月三日，諜知非實，乃屬其心腹宗支栱樤、僞太監萬鋭等，留兵萬餘，居守南昌，遣潘鵬持檄説安慶諸郡，季敩説吉安諸郡。濠乃自引兵東下，與宗支栱栟及士實、養正并閔念四，賊徒六萬人，號十萬，以僞太監劉吉爲監軍，僞尚書王綸參贊軍務，指揮葛江爲僞都督，一百四十餘隊，分舟五哨，出鄱陽，舳艫蔽江而下。過九江，令師夔守之，直趨安慶。時欽、凌領兵攻圍已浹旬矣，知府張文錦、守備都指揮楊鋭、指揮使崔文固守不下。○按是時，巡撫南畿都御史李充嗣飛章告變，瓊請于順門會議。衆多顧忌，且懷觀望，不敢正名曰濠反，但曰有故事。瓊獨曰：「竪子素行不義，今倉卒舉亂，殆不足慮。都御史王守仁據上游躡濠後，擒濠者必守仁也。」乃從直房頃刻覆十三疏，首請下詔削濠屬籍，正賊名。次請命將出師，趨南都，命伯方壽祥防江，都御史俞諫率淮兵翊南都。次請命南都守臣戒嚴，次請命尚書王鴻儒主給餉，次請命守仁率南、贛兵由臨、吉，都御史秦金率湖兵由荆、瑞會南昌[一]。充嗣鎮鎮江，許廷光鎮浙江，叢蘭鎮儀真，遏賊衝。次請傳檄江西諸路，但有忠臣義士，能倡義旅以擒反者，封以侯爵。且曰：「如此，則賊如釜中之魚，安能爲乎？」次請凡南京守備、操江武職，并五府掌印、僉書官，各令自陳，取自上裁，務在得人，以固根本。詔悉從之。

壬午，再告變。

叛黨方盛，恐中途攔阻，故再上。

疏乞便道省葬。

先生起兵，未奉成命，上便道省葬疏，意示遭變暫留，姑爲牽制攻討，俟命師之至，即

[一] 由荆瑞會南昌 「由」，底本訛作「山」，據毛本、全書本改。

從初心。時奉旨：「着督兵討賊。所奏省親事，待賊平之日來說。」

疏聞僞檄。

六月廿二日，濠遣旗校十二人，督押參政季斆、南昌府學教授趙承芳，齎僞造檄榜，至吉安府，領哨官縛送軍門。先生即固封以進，其疏略曰：「陛下在位一十四年，屢經變難，民心騷動，尚爾巡遊不已，致使宗室謀動干戈，冀竊大寶。且今天下之覬覦，豈特一寧王？天下之奸雄，豈特在宗室？言念及此，懍骨寒心。昔漢武帝有輪臺之悔，而天下向治；唐德宗下奉天之詔，而士民感泣。伏望皇上痛自克責，易轍改絃，罷出奸諛，以回天下豪傑之心；絶迹巡遊，以杜天下奸雄之望；則太平尚有可圖，群臣不勝幸甚」云云。

戊申，兵發吉安。己酉，會于樟樹。庚戌，次市汊。辛亥，拔南昌。

先生聞濠兵既出，乃促列郡兵剋期會于樟樹，自督知府伍文定等，及通判談儲、推官王暐發吉安。於是臨江知府戴德孺、袁州知府徐璉、贛州知府邢珣、瑞州通判胡堯元、童琦、南安推官徐文英、贛州都指揮余恩、新淦知縣李美、泰和知縣李楫、寧都知縣王天與、萬安知縣王冕[一]，各以其兵來赴。己酉，誓師于樟樹。次豐城，諜知賊設伏于新舊廠，以爲省城之應，乃遣奉新知縣劉守緒領兵，從間道夜襲破之，以摇城中。庚戌，發市汊，分布既定，薄暮齊發。辛亥黎明，各至信地。先是城中爲備甚嚴，及廠賊奔潰入城中，一城皆驚。又見我師驟集，益奪其氣。我師乘其動揺，呼譟梯絙而登，城中兵士崩。師入據之，禽其居守栱樤、萬鋭等千有餘人，所留宫眷縱火自焚。先生乃撫定居民，分釋脅從，封府庫，收印信，人心載寧。諸司脅從官胡濂、劉斐、許效廉、唐錦、賴鳳、王紀等[二]，皆自首投罪。初，會兵樟樹，衆議以爲安慶被圍勢急，宜引兵赴之。公曰：「今南康、九江皆爲賊據，我兵若越二城，直趨安慶，賊必回軍死鬬。安慶僅能自守，不能援我，南昌絶我糧道，而九江、南康合勢撓躡，四方之援又不可望，事難圖矣。今我師驟集，先聲所加，城中震懾，併力急攻，其勢必下。既破南昌，賊失所據，勢必歸援。如此，則安慶之圍自解，而賊成擒矣。」卒如計云。

[一] 王冕　底本訛作「黄冕」，據毛本、全書卷十二江西捷音疏改。

[二] 王紀　毛本、全書本作「王玘」。

甲寅，促兵追濠。乙卯，戰于黄家渡。丙辰，戰于樵舍。丁巳，獲濠，江西平。

初，濠既挫志堅城，且聞南昌告急，即欲回兵歸援，遂解安慶之圍，移兵泊沅子江。先分兵二萬，直趨南昌，而自督兵繼之。先生集衆，議所以禦之之策。衆多以賊勢强盛，我師無援，宜斂兵入城，堅壁觀釁，徐圖進止。先生以爲賊勢雖强，未逢大敵，所以扇惑其下者，惟以進取爵賞之利誘之。今進不得逞，退無所歸，衆志消沮。我若先出奇兵，擊其惰歸，一挫其鋒，不戰自潰，所謂先人有奪人之氣者，此也。會撫州知府陳槐、進賢知縣劉源清提兵亦至，乃遣伍文定、邢珣、徐璉、戴德孺各領精兵五百，分道並進，擊其不意。又遣余恩以兵四百，往來湖上以誘致之。陳槐、胡堯元、童琦、談儲、王暐、徐文英、李美、李楫、王冕、王軾、劉守緒、劉源清等，使各引兵百餘，四面張疑設伏，候文定等兵交[一]，四起合擊。分布既定，甲寅，分督各兵，乘夜急進，使文定以正兵當賊鋒，恩繼，珣引兵遶出賊後，璉、德孺張兩翼以分其勢。乙卯侵晨，賊兵鼓譟，乘風而前，逼黄家渡，氣驕甚。文定、恩兵交，佯北以致之，賊爭進趨利，前後不相及。

[一] 候文定等兵交　「候」，底本訛作「侯」，據毛本、全書本改。

珣兵從後橫擊，直貫其中，賊敗走。文定、恩兵反乘之，兩翼夾攻，四面伏兵呼譟並進，賊大潰，退保八字腦。濠懼，乃厚賞當先者，使人盡發九江、南康守城之兵以益師。是日，建昌知府曾璵亦引兵至。先生以爲九江不破，則湖兵不能援我，南康不復，則我兵不能躡賊，乃遣陳槐領兵四百，合饒州知府林瑊兵乘間以攻九江[一]，廣信知府周朝佐兵乘間以取南康。丙辰，賊復併力挑戰，時風勢不便，我師少卻。文定立銃砲之間，火燎其鬚，不敢退，奮督各兵殊死戰，砲及濠副舟，賊退走大敗，擒斬二千餘級，溺水死者無算。賊退保樵舍，連舟爲方陣，盡出金銀以賞士。先生乃密爲火攻之具，使珣擊其左，璉、德孺出其右，恩等設伏，期火發而合。丁巳侵晨，濠方朝群臣，責其不用命者，將引出斬之。爭論未決，而我兵掩至，火及濠副舟，衆遂奔散。濠與妃嬪泣別，妃嬪多赴水死。濠爲知縣王冕所執，執其世子眷屬及僞黨李士實、劉養正、劉吉、涂欽、王綸[二]、熊瓊、

[一] 林瑊　底本訛作「林珹」，據全書卷十二擒獲宸濠捷音疏改，下文倣此。

[二] 王綸　底本訛作「王給」，據毛本、全書本改。

盧衍、盧横、丁樻、王春、吳十三、秦榮、葛江、劉勳、何瑭[一]、王行、吳七、火信等數百餘人。復執脅從官王宏、王金、楊璋、金山、王疇、程杲、潘鵬、梁辰、郟文、馬驥、白昂等[二]。擒斬黨賊三千餘級，落水死者二萬餘，棄其衣甲器械財物，與浮尸積聚横亘十餘里。餘賊數百艘四散逃潰，乃遣兵分剿之。戊午，追及于昌邑，大破之。于吳城，擒斬復千餘級[三]，落水死者殆盡。己未，得槐等報，各于沿湖擒斬復千餘級。蓋自起兵至破賊，曾不旬日而亂平矣，其紀諸功載者，凡一萬一千有奇。初，先生之起兵討賊也，馳疏具言：「臣近奉命力疾赴閩，中途值寧藩之反，國家大變，臣子之節，不容舍之而去。又闔省撫按方面，無一人在，天下事幾，間不容髮，故復忍死留此，爲牽制攻守之圖，以俟命帥之至。」疏入未報，而即以捷聞。具言：「寧王烝淫奸暴，腥穢彰聞，賊殺善類，剥害細民，數其罪惡，世所未有。不軌之謀，已逾一紀，積威所劫，

[一] 何瑭　毛本、全書本作「何塘」。

[二] 白昂　底本訛作「文昂」，據毛本、全書本改。

[三] 擒斬復千餘級　「級」，底本訛作「給」，據全書卷十二擒獲宸濠捷音疏改。

遠被四方。士夫雖在千里之外，皆閉目摇手，莫敢論其是非。小人雖在幽僻，且吞聲飲恨，不敢訴其冤抑。招納劇賊渠魁，如閔念四、淩十一之屬，數千餘衆；召募義勇，力能拔樹排闥者，萬有餘徒。又使其黨王春等，陰置姦細于滄州、淮揚、山東、河南之間，亦各數百。比其起事，從其護衛姻族，連其黨與朋私，驅脅軍民商旅，遣其官屬親暱，使各募兵從行，多者數千，少者數百，帆檣蔽江，衆號一十八萬。其從之東下，不下八九萬餘。且矯稱密旨以挾制遠近，僞傳檄諭以摇惑人心。故自其舉兵倡亂，四方震慴畏避，謂其事已定，莫敢倡義爭衡。抱節者僅堅城守，忠憤者惟冀竢時，非智謀忠義之不足，其勢使然也。臣以弱質，當兹大變，輒敢冒非其任，以行旅百數之卒，起事於顛沛危疑之中。旬月之間，遂能克復堅城，俘擒元惡，以一方烏合之兵，破强寇十萬之衆。是固上天陰隲，宗社默祐，陛下威靈所致。而廟堂諸臣早計豫擬，改臣提督，扼制上流，申明律例，使得人自爲戰，勅臣以及時應策，不限以地。故臣得以不俟詔旨，而調集數郡之兵；數郡之民，亦不待詔旨而赴國家之難。驅馳越境，直擣窮追，不以非任爲嫌，是乃伏至險于無形，藏不測于常制。人徒見孌奚之多獲，而不知王良之善御有以致之也。

廟算之功，孰得希先之？是役也，有若領哨知府伍文定、邢珣、徐璉、戴德孺、陳槐、曾璵、林瑊、周朝佐，署都指揮僉事余恩，分哨通判胡堯元、童琦、談儲，推官王暐、徐文英，知縣李美、李楫、王冕、王軾、劉源清、劉守緒、傅南喬，隨哨通判楊昉、陳旦，指揮馬璽[一]、高睿、孟俊，知縣張淮、應恩、王廷、顧佖、萬士賢、馬津等，雖效績輸能，亦有等列，然皆首從義師，爭赴國難，協謀并力，共收全功。其間若文定、珣、璉、德孺等，冒險衝鋒，功勛尤懋。御史謝源、伍希孺，監軍督哨，弼智匡謀，鼓動忠義之氣，備嘗紀録之勞。家居都御史王懋中、編脩鄒守益、御史張鰲山、郎中曾直、評事羅僑、僉事劉藍[二]、進士郭持平、驛丞王思、李中、按察使劉遜、參政黄綉、知府劉昭等，仗義興兵[三]，協張威武，運籌贊畫，折衝夾輔。以上諸臣功勞，雖其尋常征剿，亦爲難事，况當震恐摇惑，四方智勇，莫敢一攖其鋒，而諸臣激烈忠憤，捐身狥國，乃能若此。

[一]　馬璽　全書卷十二擒獲宸濠捷音疏、卷十三重上江西捷音疏皆作「麻璽」。

[二]　劉藍　底本訛作「劉監」，據毛本以及全書卷十二擒獲宸濠捷音疏改。

[三]　仗義興兵　「興」，底本訛作「與」，據全書卷十二擒獲宸濠捷音疏改。

伏願論功酬錫之餘，普加爵賞旌擢[一]，以勸天下之忠義，以勵將來之懦怯。仍詔示天下，使知姦雄若寧王者，蓄其不軌之謀十有餘年，而發之旬月，輒就擒滅。于以見天命之有在，神器之不可窺，以定天下之志。尤願罷息巡幸，建立國本，端拱勵精，以承宗社之鴻休，絶奸雄之覬覦，則天下幸甚。」○洪嘗見龍光，稱述平藩始末，張疑行間甚悉。蓋濠搆禍有年，東下之兵，號稱二十萬。方舉事三日，即能襲破連城。使當時徑襲南京，以犯北京，倉卒無備，禍無抵極，謀欲沮撓，非多方以誤之不可。當其行間時，光曰：「事得濟否？」師曰：「未論濟與不濟，且言疑與不疑。」光曰：「是固不免於疑。」曰：「但得渠一疑，吾事濟矣。」夫兵者詭道，反間之事，捷書不言，人徒見襄難之易，而不知其伐謀之神也。後見何圖選武林驛驛丞，以反間事覆之。圖曰：「光所述特大端耳。公欲稽留宸濠，何時非間，何事非間。曰：『得伊旬月不出，擒于江上必矣。』問龍光曰：『曾會養正否？』光對曰：『熟識。』即使龍光家人行間。養正家屬在廬陵，取入府城厚養之，即以其家屬行間。知府季斆率校尉二十人，賫僞檄至梅林渡，守者縛解軍門。

[一] 普加爵賞旌擢 「普」，底本訛作「晋」，據全書卷十二擒獲宸濠捷音疏改。

公大怒，碎檄，即令斬之。濟等躡足附耳，公乃緩殺，令收者欵留之，即以賫檄人行間也。師臨省城，先告諭從逆官民，示以順逆禍福之理，以離其黨。聞内官萬鋭與瑞昌王助賊兵五千人，則以間使鋭遣其心腹胡景隆招回各兵，以離其黨。人見公師一出，而賊已就擒，遂謂宸濠易與耳。然濠雖積穢，天人不與，士實、養正輩，誠非公敵，疑若易與。但時當武宗巡遊，天下洶洶思亂，聞濠倡禍，民心從違，一時未知所定。積年造謀，招納叛亡，所收皆劇賊，兵稱二十萬，而精悍亦不下十萬，烏在其爲易與也。當時若非伐謀之神，定計于未戰之前，其能撲之速若是哉？傍視者不究其源，徒欲論難易於臨戰之日，是豈可與論兵術哉？」嘗聞黄弘綱言，吉安人不知公行反間，相詬於外曰：「王公發兵，未知戈指何向？」弘綱聞之，亟進陳其狀，先生笑而不答。出兵，誓師於教場，擒失律者二十人，斬於營中以殉，軍士股栗，不敢仰視，尚不知所斬者即前賫檄人也。既後賊平，張、許輩害師成功，謗議百出，士人遂從而和之。予嘗疑師既蹈疑迹，使其時未及擒賊，而身或先亡，其心何由白於天下。及爲師輯奏疏文移，六月二十一日，牌行各府州縣集兵策應，咨報各省巡撫共勤國難，反覆暴宸濠之穢惡，明臣子之大義，以激天下之忠憤，以鼓志士之義氣，一日齊發者，二百餘紙，是近師左右尚未知信，而不知其心已遍布于天下矣。乃憮然自嘆曰：人須辨得真心。真心所在，千古不磨，况一時毀譽之迹乎？古人學明而知達，出入變化，妙應圓神，其潛若鬼神而莫測其端，其發若雷霆而莫究其至，卒能成天下之事，以濟國家之難。此聖學之全功，三王之遺智也。區區一時毀譽，烏足以動其衷哉？〇先是，先生思豫爲備，值汀、漳兵備僉事周期雍以公事抵贛，知期雍可與計事，且官異省，非濠念所及，因屏左右語之故，遂與定議。期雍歸，即陰募驍勇，具械束裝，部勒以俟，故晨捧檄而夕即發。當其檄召四方援兵，惟期雍先至，而福建左布政使席書及嶺東兵備僉事王大用，亦以兵赴，道聞賊平而還。致仕都御史林俊聞變，即夜使人範錫爲佛郎機銃，并火藥法，手書遣僕從間道遺之，勉以討賊。初，公嘗使門人常德冀元亨者，因講學説濠以君臣大義，或格其奸。濠意不懌，元亨辭去，曰：「濠必反，公宜早計。」遂遁去。及聞變，知必起師，即潛行赴難。先生曰：「見素公在莆陽，周官上杭，冀在常德，去南昌各三千餘里，乃皆同日而至，事若有不偶然者。」因作佛郎機贊，并以識其事云。

八月，諫止親征。

時兵部會議，請命將討賊。武宗下詔曰：「不必命將，朕當親率六師，奉天征討。」於是假威武大將軍鎮國公行事，命太監張永及張忠、安邊伯許泰、都督劉暉，率京邊官軍凡萬餘人，命給事祝續、御史張綸隨軍紀功。是時捷音久至，不發，諸奸在側，欲掩爲己功，乃云「元惡雖擒，逆黨未盡，不悉捕之，將遺後患」。先生具疏諫阻之，其略曰：「臣於奏變之後，調集軍兵，擇委官屬，激勵士氣，振揚武威。先攻省城，墟其巢穴，繼戰鄱陽，擊其惰歸。今宸濠既已就擒，謀黨俱已追獲，從賊俱已掃蕩，閩、廣赴調軍士俱已散還，地方驚擾之民俱已撫帖。竊惟宸濠擅作辟威，虐焰已張于遠；睥睨神器，陰謀久蓄于中。招納叛亡，輦轂之動靜，探無遺跡；廣置奸細，臣下之奏白，百不一通。發謀之始，逆料大駕必將親征，先於沿途伏有奸黨，期爲博浪、荊軻之謀。今逆不旋踵，遂已成擒，法宜解赴闕門，式昭天討。然欲付之部下各官，誠恐舊所潛布之徒，乘隙竊發，或致意外之虞，臣死且有遺憾。況平賊獻俘，固國家之常典，亦臣子之職分」云云。先生方憂時事之方艱，賊雖擒，亂未已故也。〇按是月，疏凡十一上。因江西旱，寧王乘輿，僞命免税，先生恐民從亂，爲奏乞免。及奏聞益王、淮王助軍餉，奏留朝覲官員，奏恤重刑以實軍伍，處置官員署印，處置從逆官員，處置府縣從逆官員，參九江、南康失事官員，二乞便道省葬，凡十一疏。

獻俘至錢塘，以病留。

先生獻俘，發舟南昌。忠、泰等追還宸濠，議將縱之鄱陽湖，俟皇上親與遇戰，而後奏凱以歸，論功行賞。連遣人追至貴溪、廣信，先生俱不聽，過玉山，乘夜過草萍驛。張永已先候於杭，先生見永，謂曰：「江西之民久遭濠毒，今經大亂，繼以旱災，又能供京邊軍饋餉乎？民困既極，必逃聚山谷爲亂。昔助宸濠尚爲脅從，今自爲亂，激于窮迫，四方奸黨群起相應，天下遂成土崩之勢矣。至是而欲興兵定亂，不亦難乎？」永深然之，乃徐曰：「吾之此出，爲群小在君側，欲調護左右，以默輔聖躬，非爲掩功而來也。但皇上順其意而行，猶可委曲挽回。若逆其意而行，徒激群小之怒，無救於天下大計也。」於是先生信其心無他，遂以濠付永，復回江西。先生乃稱病於西湖淨慈寺。

九月，奉勅兼巡撫江西。

先生稱病南屏，即欲堅卧不出，聞武宗南巡已至淮揚，群奸在側，民情洶洶，恐一失事機，禍亂無日矣。不得已，復從京口將徑趨行在，大學士楊一清固止之，乃奉兼巡撫江西之命，從湖口復江西。忠等方挾宸濠搜求隱伏，羅織善良，濫指妄戮以爲功，而籍没其貲者無算，軍馬屯聚，糜費困疲，民不堪命。續、綸輩承望風旨，從臾附會，忌功嫉能，多爲飛語，以中傷當事，爲賊報讐，時論不平。先生至南昌，京邊軍肆坐慢罵，或故衝前導，伺釁爲亂。先生一不爲動，第入院稱病不出。始欲行犒賞，泰等預禁之，不令受，乃以計處之。會冬至近，先期令城市舉追奠禮，早夜哭聲相聞。復大揭告示城内外，敘京邊軍離家困苦情，令居民敦主客義。身復御之以禮，客死者厚殯之，邺其火侶特厚。聞之多感泣思歸，不敢相侮。先生與忠等往復，正言讜論，陰折其邪心，諸奸漸覺畏避。又與忠、泰等較射於教場，三發三中，忠、泰俱屈。於是諸軍閧然，舉手稱頌，忠、泰等始懼曰：「吾軍士俱歸附王都耶？」遂班師。

赴召，次于蕪湖。尋得旨，返江西。

忠等從上南都，日進讒譖，謂「王守仁必反」，惟張永持正保全之。上問忠等曰：「何以驗反？」對曰：「召之必不至矣。」上即召先生。先是，忠等屢矯僞命，先生俱不至，至是聞召，先生覺之，即趨赴。忠等又懼其面奏，語或相連，復使人拒於蕪湖，不得見者半月，乃入九華山，每日宴坐草菴中。適武宗遣人覘之，曰：「王守仁，學道人也，召之即至，安得反乎？」乃命復還江西。自是信永言，不復疑先生矣。

十五年庚辰，先生四十九歲。正月，居贛。

先生至贛，大閱士卒，教戰法，相知者俱請回省，無蹈危疑。先生不從，作啾啾吟以答之，且曰：「吾在此與童子歌詩習禮，有何可疑？」會物議益洶洶，門人陳九川等屢言之。先生曰：「公等何不與之講學？此何足慮。吾昔在省城，權豎如許勢焰，禍在目前，吾亦帖然處之。縱有禍患，亦畏避不得，何故憂懼？吾所以不輕動者，亦有深慮焉耳。」

○洪昔葺師奏疏，至乞便道歸省與再報濠謀反疏同日而上，心疑之：當國家顛沛，兵務倥偬，又何暇及此念也。當是時，倡義興師，指揮一定，擒濠可卜旦夕矣，而猶惓惓疏請命將出師，而自名以姑爲牽制征討之圖，若身不與其事者。至諫止親征疏，乃嘆古人處成功之際，難矣哉！蓋武宗好巡遊，諸奸恊異志，賊雖就擒，而預知後患未已也。忠、泰輩屢追還宸濠，並不聽。至玉山，聞王師已至徐、淮，乘夜過草萍驛，惟欲早脱江西，以免百姓重困。見永與言，乃知其有憂時報主之心，遂以俘馘畀之。使當時苟有計私自利之心，其能以已成之功脱若遺跡，一毫無介烈中耶[一]？及與忠等酬對，守正而不屈，旁行而不流，出入變化，妙應無迹，而奸黨終不敢逞，身亦免難。三代以下，證聖學之全功，徵矣哉！

三月，疏請寬租。

是時，武宗尚留南畿，四方民情，憂危不測。先是，江西自己卯三月不雨，至七月，禾

[一]　一毫無介烈中耶　據文義，「烈」當爲「於」之訛。

苗枯死，繼遭濠亂，小民乘隙爲奸。先生盡心安戢，許以奏乞優恤，至是部使數至，督征日迫。先生上疏，其略曰：「日者兵荒之後，繼以大駕親征，京邊官軍，前後萬數沓至，填城塞郭。百姓戍守鋒鏑之餘，未及息肩弛擔，又復救死扶傷，呻吟奔走，以給廝養一應誅求，妻孥鬻於草料，骨髓竭於徵輸。當是之時，鳥驚魚散，貧民老弱流離，棄委溝壑，俠健者逃竄山澤[一]，群聚爲盜。獨遺其稍有家業與良善守死者十之二三，又皆顛頓號呼於梃刃捶撻之下。郡縣官吏，咸赴省城與兵馬住屯之所，奔命聽役，不復得親民事，上下洶洶。如駕漏船於風濤顛沛之中，惟懼覆溺之不暇，奚遑復顧其他，爲日後之慮，憂及稅賦之不免，征科之未完乎？當是時，雖臣等亦皆奔走道路，危疑倉皇，豈遑憂及賦稅之不免，征科之未完，而暇爲之請乎？及京邊官軍始有旅歸之期[二]，而户部歲額之征，漕運交兑之檄，已交馳四集矣。流移之民，聞官軍之將去，稍稍脇息，延望歸尋其故業，足未入境，而頸已繫於追求者之手矣。夫荒旱極矣，而因之以變亂；變亂

[一] 俠健者逃竄山澤　「俠」，全書卷十三乞寬免稅糧急救民困以弭災變疏作「狡」。

[二] 始有旅歸之期　「始」，底本訛作「殆」，據全書卷十三乞寬免稅糧急救民困以弭災變疏改。

極矣，而又加之以師旅；師旅極矣，而又竭之以供饋，益之以誅求，亟之以徵歛。當是之時，有目者不忍覩，有耳者不忍聞，又從而剝其膏血，有人心者而尚忍爲之乎？今遠近軍民，呼號匍匐，訴告喧騰，求朝廷出帑藏以賑濟，久而未獲，反有追征之令，閧然興怨，謂臣等昔日蠲賦之言爲詒己，竊相傷嗟。謂宸濠叛逆，猶知優免租税，以要人心。我輩朝廷赤子[一]，皆嘗竭骨髓，出死力，以勤國難。今困窮已極，獨不蒙少加優恤，又從而追征之，將何以自全？是以令之而益不信，撫之而益憤憤，諭之而益呶呶。計窮勢迫，匿而爲奸，肆而爲寇，兩月以來，有司之以鼠竊警報者，月無虚日，無怪也。彼無家業衣食之資，無父母妻子之戀，而又旁有追呼之苦，上有捶剥之災，自非禮義之士，孰肯閉口枵腹，坐以待死乎？今朝廷亦嘗有寬恤賑濟之典矣，然寬恤賑濟，内無帑藏之發，外無官府之儲，而徒使有司措置。措置者，豈能神輸而鬼運，必將取諸富民。今富民則皆又貧民矣，削貧以濟貧，猶割心臠肉以啖口，口未飽而身斃。且又有侵剋之弊，又有漁獵之奸，民之賴以生者不能什一，民之坐而死者常十九矣。故寬恤之虚文，不若

[一] 我輩朝廷赤子　「廷」，底本訛作「臣」，據全書卷十三乞寬免税糧急救民困以弭災變疏改。

躅租之實惠；賑濟之難及，不若免税之易行。今不免租税，不息誅求，而徒曰寬恤賑濟，是奪其口中之食，而曰吾將療汝之飢；刳其腹腎之肉，而曰吾將救汝之死。凡有血氣者，皆將不信之矣」云云。○按是年，與巡按御史唐龍、朱節，上疏計處寧藩變産官銀，代民上納，民困稍蘇。

五月，江西水，上疏自劾。

是年四月，江西大水，漂溺公私廬舍，田野崩陷。先生於是上疏曰：「臣惟有官守者，不得其職則去；受人之牛羊而爲之牧者，求牧與芻而不得，則反諸其人。臣以匪才，繆膺江西巡撫之寄。今且數月，曾未能有分毫及民之政，而地方日以多故，民日益困，財日益匱，災變日興，禍患日促。自春入夏，雨水連綿[一]，江湖漲溢，經月不退。自贛、吉、臨、瑞、廣、撫、南昌、九江、南康，沿江諸路，無不被害。黍苗淪没，室廬漂蕩，魚鱉之民聚棲於木杪，商旅之舟經行於閭巷，潰城決堤，千里爲壑，烟火斷絶，惟聞哭聲，

[一] 雨水連綿　「連」，底本訛作「達」，據毛本、全書本改。

詢之父老[一]，皆謂數十年來所未有也。夫變不虚生，緣政而起；政不自弊，因官而作。官之失職，臣實其端，何所逃罪？夫以江西之民，遭逆濠之荼毒，脂膏已竭，而又因之以旱荒，繼之以師旅。遂使豐稔連年，曲加賑恤，尚恐生理未易完復，今又重以非常之災，危亟若此。當是之時，雖使稷、契爲牧，周、召作監，亦恐計未有措。況病廢昏劣，如臣之尤者，而畀之倀然坐尸其間。譬使盲夫駕敗舟於顛風巨海中，而責之以濟險，不待智者，知其覆溺無所矣。又況部使之催徵益急，意外之誅求未已。在昔一方被災，鄰省尚有接濟之望。今湖、湘連歲兵荒，閩、浙頻年旱潦，兩廣之征剿未息，南畿之供饋日窮，淮、徐以北，山東、河南之間，聞亦饑饉相屬。由此言之，自全之策既無所施，而四鄰之濟又以絶望，悠悠蒼天，誰任其咎？静言思究，臣罪日多。何者？宸濠之變，臣在接境，不能圖於未形，致令獮突，震驚遠邇，乃勞聖駕親征，師徒暴於原野，百姓殆於道路。朝廷之政令因而闕隔，四方之困憊由是日深，臣之大罪一也。徒避行迹之嫌，苟爲自全之計，隱忍觀望，幸而脱禍。不能直言極諫，以悟主聽，臣之大罪二也。徒以逢迎附和

[一] 詢之父老　「之」，底本訛作「知」，據毛本、全書本改。

爲忠，而不知日陷于有過；徒以變更遷就爲權，而不知日紊於舊章；徒以掇拾羅織爲能，而不知日離天下之心；徒以聚斂征索爲計，而不知日積小民之怨，此臣之大罪三也。上不能有裨於國，下不能有濟於民，坐視困窮，淪胥以溺，臣之大罪四也。且臣憂悸之餘，百病交作，尫羸衰眊，視息僅存。以前四者之罪，人臣有一於此，亦足以召災而致變，況備而有之。其所以速天神之怒，深下民之憤，而致災沴之集，又何疑乎？伏惟皇上軫災恤變，別選賢能，代臣巡撫。即以臣爲顯戮，彰大罰於天下，臣雖隕首，亦云幸也。即不以之爲顯戮，削其禄秩，黜還田里，以爲人臣不職之戒，庶亦有位知警，民困可息，天變可弭，人怒可泄，而臣亦死無所憾。」○按是時，武宗久羈南畿，欲進諫無由，姑敘地方災異以自劾，冀君心開悟，加意黎元，庶其自悔以亟反乎！噫，當疑謗顛危之時，而猶不忘正諫，其亦苦心矣哉！

七月，重上江西捷音。

武宗留南都既久，將歸，群黨欲自獻俘襲功。張永曰：「不可。昔未出京，宸濠已擒，獻俘北上，過玉山，渡錢塘，經人耳目多矣，不可襲也。」於是以大將軍鈞帖，令重上捷音。先生乃節略前奏，入諸人名於疏内，再上之。大駕乃班師北旋。○按尚書霍韜曰：「是役也，罪人已執，猶動衆出師；地方已寧，乃殺民奏捷。誤先朝於過舉，搖國是於將危。蓋忠、泰之攘功賊義，厥罪滔天，而續、綸之詭隨敗類，其黨惡不才亦甚矣。」御史黎龍曰：「平藩事，不難于成功，而難于倡義。蓋以逆濠之反，實有内應，人懷觀望，而一時勤王諸臣，皆捐軀亡家，以赴國難。其後忌者構爲飛語，欲甘心之，人心何由服乎？後有事變，誰復肯任之者？」費文憲公宏送張永還朝序文曰：「兹行也，定禍亂而不必功出于己，開主知而不使過歸乎上，節材用不欲久困乎民，扶善類不欲罪移非辜。且先是發瑾罪狀，首以規護衛爲言，寔以逆謀之成，萌於護衛之復。其早辨預防，非有體國愛民之心，不能及此。」○洪謂平藩之事，不難于倡義，而難于處張、許之變。蓋忠、泰挾天子威令以崇亂階，勢焰熏炙，莫敢誰何。先生守經行權，隨機運變，卒能奪其氣而褫其魄。知永可與托國，卒致聖駕還京，以啓今上之治。非其忠誠懇惻，識達時宜，消亂於已形，制變於不測者，其孰能與於此！

陽明先生年譜卷之四

門人餘姚錢德洪 編述
山陰王畿 補輯
後學吉水羅洪先 删正
滁上胡松
江陵陳大賓
揭陽黄國卿 校正
漳浦王健 校刻

八月，咨部院伸冀元亨冤狀。

先是，濠示謙恭，邀結名士，凡仕江右者，咸隆禮問。冀時爲公子正憲師，信義可託，遣詣往謝。至與濠論，不合，比返虔，一一述濠言，先生曰：「禍在是矣。」乃護之間道歸武陵。後濠既擒，張、許嶬先生不可得。至是，誣元亨與濠通，逮至京，備嘗考掠，絶復甦，無一語相及。科道論辯，以先生伸雪爲證，事得白，將釋，卒於獄。同門陸澄、應典等爲棺殮，訃聞，先生爲位哭之。○元亨，字惟乾，湖廣常德府武陵人。舉鄉試，其學以不欺爲主，而謹於一念。在獄，視諸囚不異一體，諸囚日涕泣，至是稍聽學自慰。湖廣逮其家，被逮之日，其妻李與二女不色怖，曰：「吾夫平生尊師講學，肯有他乎？」手持麻枲不徹，暇則誦書歌詩。事白，守者欲出之，李曰：「不見吾夫，何歸？」按察諸寮婦欲相會，辭不敢赴，已乃潔一室，就視則囚服，不釋麻枲。有問者，答曰：「吾夫之學，不出閨門衽席間。」問者悚懼。元亨既卒，先生移文恤其家。○劉養正既死，先生過吉安，令有司葬其母，爲文以奠之。辭曰：「嗟嗟！劉生子吉，母死不葬，爰及干戈，一念之差，遂至于此。嗚呼哀哉！今吾葬子之母，聊以慰子之魂。蓋君臣之義，雖不得私于子之身，而朋友之情，猶得以盡于子之母也。嗚呼哀哉！」其事在是年六月。

閏八月，四疏省葬，不允。

初，先生在贛時，聞祖母岑太夫人訃，又聞海日翁病卧苫次，欲上疏乞歸，適福州三衛有叛軍之變，尚書王瓊具奏，降勅差先生往勘之。軍變事微，本不必煩重臣，瓊蓋因南、贛溪洞已靖，欲假師便宜勅書，以待他變也。先生初欲從汀漳入，冀了事，遂從廣信乞歸，因夫人公子在，乃從舟行。不意中途遭變，先生疏請命將討賊，因乞省塋，朝廷許以「賊平之日來説」。濠就擒，江西底寧，疏再上，不報，至是凡四上。一日，聞海日翁病危，先生欲棄職逃歸，左右皆勸留，後報平復乃止。先生問在坐諸友曰：「我欲逃回，何無一人贊行？」周仲曰：「先生思歸一念，亦似着相。」先生曰：「是相安能不着？」

九月，還南昌。十月，門人集。

先生復南昌，武宗駕未還宮，北望懷憂，百姓嗷嗷告飢。遺書守益曰：「自到省城，政務紛錯，不復有相講習如虔中者。雖自己舵柄不敢放手，而灘流悍急，須仗有力如吾謙之者，持篙而來，庶能相助更上一灘耳。」至是，先生開新府，乃多興工役以濟民飢，察院各司道，俱取寧藩入官廢屋改造，又取逆産銀以代民税，於是境内稍安，朋友日漸來集。泰州王銀服古冠服，手執木簡，以二詩求見。先生異其人，降階迎入，待以客位。

坐定，先生問：「何冠？」對曰：「有虞氏冠。」曰：「何服？」曰：「老萊子服。」曰：「學老萊子乎？」曰：「學。」先生笑曰：「止學服其服，未學上堂詐跌，掩面啼哭也？」銀竦然動色，坐不安席。及論大學至「致知」「格物」，豁然大悟曰：「吾人之學，飾情抗節矯諸外；先生之學，精深極微得之心。」遂易服通贄，執弟子禮。先生爲易名艮，字曰汝止。進賢舒芬以翰林脩撰謫官福建市舶司副提舉，先生取至軍門，自恃博學，無意及門也。初見，問律呂，先生不言律呂而問元聲，對曰：「元聲制度頗詳，特未置密室經試耳。」先生曰：「元聲豈得之管灰黍石之間哉？不出吾心耳。心得養則氣自和，元聲所由出也。書云『詩言志』，志即是樂之本；『歌永言』，歌即是制律之本。永言和聲，俱本於歌，歌本於心，故心也者，中和之極也。」芬躍然，悔舊學之非，遂拜弟子。於時陳九川、夏良勝、萬潮、歐陽德、魏良弼、李遂、裘衍日侍講席。巡按御史唐虞佐龍、提學副使邵鋭，俱以舊學疑先生，且四方謗議洶洶，虞佐勸先生徹講擇交，徹講可以息天下之疑謗，擇交可以得天下之真才。先生曰：「吾真見得良知，人人所同，特學者未得啓悟，故甘隨俗習非。今苟以是心至，吾又爲一身疑謗，拒不與言，於心忍乎？

求真才者，譬之淘沙而得金，非不知沙之汰者十去八九也，然而未能舍沙以求金爲也。」虞佐以爲然。三學諸生畏主司異議，見同門方巾中衣而來者，俱指爲異物。惟王臣、魏良政、魏良器、鍾文奎等，挺然破群議，以力學爲己任。久之，相依而起者百十人。

十六年辛巳，先生五十歲。正月，居南昌。

是年，先生始揭致良知之教。先生聞前月十日，武宗駕入宫，消息比舊頗佳，始舒憂念。自經宸濠、忠、泰之變，益信良知，真足以忘患難，出生死，斡旋化機，整齊民物，所謂考三王，建天地，質鬼神，俟後聖，無弗同也。乃遺書守益曰：「近來信得『致良知』三字，真聖門正法眼藏。往年尚疑良知恐有未盡，今自多事以來，只此良知，無不具足。譬之操舟得舵，平瀾淺瀨，無不如意。雖遇顛風逆浪，舵柄在手，可免没溺之患耳。」一日，門人在侍，先生喟然發嘆。九川問曰：「先生何嘆也？」曰：「此理簡易明白若此，乃一經沉埋，數百年來不得出露頭面，是何説也？」九川曰：「亦爲宋儒從知解上入，認識神爲性體，故聞見日益，障道日深耳。今先生拈出『良知』二字，此古今人人真面目，更復奚疑？」先生曰：「然。譬之人有冒别姓墳墓爲祖墓者，隣佑少年見其經管既久，俱不爲非，雖有知者，又先受賂，鳴之於官，何以爲辯？只得開壙驗其誌石。然誌石又爲前人改過，又何以辯？幸有骸骨，將子孫滴血，真僞無可逃矣。我此『良知』二字，實千古聖聖相傳一點滴骨血。」

録陸象山子孫。

先生以宋儒陸象山得孔、孟正傳，其學術久抑而未彰，文廟尚缺配享之典，子孫未沾褒崇之澤。牌行撫州府金谿縣官吏，將陸氏嫡派子孫，訪各處聖賢子孫事例，免其差役。有俊秀子弟，具名提學道，送學肄業。○按象山與朱晦翁同時講學，因天下崇尚朱説，而陸學遂泯。先生刻象山文集，爲之序以表彰其説。席元山書嘗聞先生論學於龍場，深病陸學不顯，作鳴冤録以寄先生。先生稱其「身任斯道，庶幾天下非之而不顧。然中間有須詳論者，蓋象山之學，簡易直截，孟子之後一人。但其學問思辯、致知格物之説，亦未免有沿襲之累，此亦不可不察。正如求精金者，必務煆煉足色，勿使有纖毫之雜，然後可無虧損變動。蓋是非之懸絶，所爭毫釐耳」。

五月，集門人於白鹿洞。

是月，先生有歸志，欲同門久聚，共明此學。適南昌府知府吳嘉聰欲成府誌，時蔡宗兗爲南康府教授，主白鹿洞事，遂使開局於洞中，集夏良勝、舒芬、萬潮、陳九川同事焉。先生遺書促鄒守益曰：「醉翁之意蓋有在，不專以此煩勞也。區區歸遁有日，聖天子新政英明，如謙之亦宜束裝北上。此會宜急圖之，不當徐徐而來也。」

○**是月與嶺南同志書。**先是庚辰春，甘泉湛先生避地髮履塚下，與霍兀厓韜、方叔賢同時家居，不數爲會。先生聞之，曰：「英賢之生，何幸同時共地，又可虛度光陰，容易失却此大機會，是使後人而復惜後人也。」是年秋，兀厓過洪都，論大學輒持舊見。先生曰：「若博習書史，考正古今，以廣吾見聞則可。若欲以是求得入聖門路，譬之採摘枝葉以綴本根，而欲通其血脉，蓋亦難矣。」至是，甘泉寄示學庸測，叔賢寄大學、洪範。先生遺書甘泉曰：「隨處體認天理，是真實不誑語，鄙説初亦如是。及究兄命意發端，卻有毫釐未協，然亦終當殊塗同歸也。脩齊治平，總是格物，但欲如此節節分疏，亦覺說話太多。且語意務爲簡古，比之本文，反更深晦，讀者愈難尋求，此中不無亦有心病。莫若明白淺易其詞，略指路徑，使人自思得之，更覺意味深長也。」遺書叔賢曰：「承示大學原，知用心於此深密矣。道一而已，論其大本大原，則六經四書，無不可推之而同者，又不特洪範之於大學而已。譬之草木，其同者生意也。其花實之疏密，枝葉之高下，亦欲盡比而同之，吾恐化工不如是之雕刻也。學之不明，幾百年矣。近幸同志相與切磋講求，頗有端緒。念叔賢志節，遠出流俗，所進超卓，海內諸友，實罕其儔，今忽復牽滯文義若此，吾將誰望乎？君子論學，固惟是之從，非以必同爲貴，至於入門下手處，則有不容於不辯者，所謂毫釐之差，千里之繆矣。」先是，倫彥式以訓嘗過虔中問學，至是月，遣其弟以諒遺書問曰：「學無靜根，感物易動，處事多悔，如何？」先生曰：「三言者，病亦相因。惟學而別求靜根，故感物而懼其易動；感物而懼其易動，是故處事而多悔也。心無動靜者也，其靜也者，以言其體也；其動也者，以言其用也。故君子之學，無間於動靜，其靜也常覺，而未嘗無也，故常應；其動也常定，而未嘗有也，故常寂。

常應常寂，動静皆有事焉，是之謂集義。集義，故能無祇悔，所謂『動亦定，静亦定』者也。心一而已，静其體也，而復求静根焉，是撓其體也；動其用也，而懼其易動焉，是廢其用也。故求静之心即動也，惡動之心非静也，是之謂動亦動，静亦動，將迎起伏，相尋於無窮矣。故循理之謂静，從欲之謂動。欲也者，非必聲色貨利外誘也，有心之私，皆欲也。故循理焉，雖酬酢萬變皆静也。濂溪所謂『無欲』之謂也，是謂集義者也。從欲焉，雖心齋坐忘亦動也。告子之强制、正助之謂也，是外義者也。」

六月，赴内召。尋止之，陞南京兵部尚書。

六月十六日，奉今上皇帝勅旨：「以爾昔能剿平亂賊，安静地方，朝廷新政之初，特兹召用。勅至，爾可馳驛來京，毋或稽遲。」先生即於是月二十日起程，道由錢塘。輔臣阻之，潛諷科道建言，以爲朝廷新政，武宗國喪，資費浩繁，不宜行宴賞之事。先生至錢塘，上疏懇乞便道歸省。朝廷准令歸省，陞南京兵部尚書，參贊機務。**按乞便道歸省疏**：「竊念臣自兩年以來，四上歸省之奏，皆以親老多病，懇乞暫歸省視，實皆出於人子迫切之至情。而其時復以權姦當事，讒嫉交興，非獨臣之愚悃無由自明，且慮變起不測，身罹曖昧之禍，冀得因事退歸，父子苟全首領於牖下。故其時雖以暫歸爲請，而實有終身丘壑之念矣。既而宗社有靈，天啓神聖，入承大統，革故鼎新，親賢任舊，向之爲讒嫉者，皆以誅斥略盡，陽德興而公道顯。臣於斯時，固已欣然改易其退遁之心矣。當明良之會，聖人作而萬物覩，天下之士，孰不顒然有觀光之願，而況臣之方在憂危，驟獲申雪者。若出陷穽而登之春臺，其爲喜幸感激，何啻百倍！豈不欲朝發夕至，以一快其拜舞踴躍之私，歸戴向往之誠乎？顧臣父既老且病，頃遭讒構之厄，危疑震恐，洶洶朝夕，常有父子不相見之痛。今幸脱洗殃咎，復覩天日，父子之情，固思一見顔面，以叙其悲慘離隔之懷，少盡菽水懽欣之樂。況臣取道錢塘，迂程鄉土，止有一日。此在親交之厚，將不能已於情，而況父子天性之愛，重以連年苦切之思乎？故臣之此行，其冒罪歸省，亦情理之所必不容已者。然不以之明請於朝而私竊行之，是欺君也；懼稽延之戮而忍割情於所生，是忘父也。欺君者不忠，忘父者不孝，世固未有不孝於父，而能忠於其君者也，故臣敢冒罪以請。伏望皇上以孝爲治，範圍曲成，特寬稽命之誅，使臣得以少伸烏鳥之私，臣死且圖啣結。不勝惶懼懇切之至。」○與陸澄論養生之說：「京中人回，聞以多病之故，將從事於養生。區區往年蓋嘗斃力於此矣，後乃知其不必如是，始復一意於聖賢之學。大抵養德養身，只是一事。元靜所云真我者，果能戒謹不睹，恐懼不聞，而專心於是，則神住、氣住、精住，而仙家所謂長生久視之說，亦在其中矣。神仙之學與聖人異，然其造端托始，亦惟欲引人於道。悟真篇後序中，所謂『黃、老悲其貪着，乃以神仙之術漸次導之』者，元靜試取而觀之，其微旨亦自可識。自堯、舜、禹、湯、文、武，至於周公、孔子，其仁民愛物之心，蓋無所不至。苟有可以長生不死者，亦何惜以示人。如老子、彭籛之徒，乃其稟賦有若此者，非可以學而至。後世如白玉蟾、丘長春之屬，皆是彼學中所稱述以爲祖師者，其得壽皆不過五六十，則所謂長生之說，當必有所指矣。元靜氣弱多病，但遺棄聲名，清心寡慾，一意聖賢。如前所謂真我之說，不宜輕信異道，徒自惑亂聰明，斃精竭神，糜廢歲月，久而不返，將遂爲病狂喪心之人不難矣。昔人謂三折肱爲良醫，區區非良醫，蓋嘗三折肱者。元靜其慎聽毋忽。」

八月，至越。九月，歸餘姚省祖塋。

先生歸省祖塋，訪瑞雲樓，指胎衣所藏之地，收淚久之[一]，蓋痛其母生不及養，祖母死不及殮也。日與宗族親友宴遊，隨地指示良知。父老子弟忘其崇貴，日親洽，如草木被拂春風，有忻忻向榮之意焉。德洪昔聞先生講學江右，久思及門，鄉中故老，猶執先生少年豪曠，不拘繩束，私竊詆笑[二]。但四方辯學，同異正競，爲黨僞之慮，人情恐恐，疑阻者閧然而起。至是，洪獨潛伺動止，深信無疑，乃排衆議，請親命，率二姪大經、應揚及鄭寅、俞大本，因先生姪王正心通贄請見，先生納焉。明日，夏淳、范引年、吴仁、柴鳳、孫應奎、諸陽、徐珊、管州、谷鍾秀、黄文焕、周于德、楊珂等七十四人，相繼請見，大講于龍泉寺之中天閣。

十二月，封新建伯。

制曰：「江西反賊剿平，地方安定，各該官員，功績顯著。你部裏既會官集議，分别等第明白。王守仁封新建伯、奉天翊衛推誠宣力守正文臣、特進光禄大夫、柱國，還兼南

[一] 收淚久之　據文義，「收」或爲「拭」之訛，毛本字形亦近「拭」。

[二] 私竊詆笑　底本「笑」下空七字格。

京兵部尚書，照舊參贊機務。歲支祿米一千石，三代并妻一體追封，給與誥券，子孫世世承襲。」正德十六年十二月十九日，准兵部、吏部題，差行人賫白金文綺慰勞，兼下溫旨存問海日翁於家，賜以羊酒。適海日翁誕辰，親朋咸集，先生捧觴爲壽。翁蹙然曰：「吾父子不相見幾年矣。始汝平寇南、贛，日夜勞瘁，吾雖憂汝之疾，然臣職宜爾，不敢爲汝憂也。寧濠之變，皆以汝爲死矣而不死，皆以事爲難平矣而卒平。吾雖幸汝之成，然此實天意，非人力可及，吾不敢爲汝幸也。讒構朋興，禍機四發，前後二年，岌乎知不免矣。人皆爲汝危，吾能無危乎？然於此時，惟有致命遂志而動心忍性，不爲無益，雖爲汝危，又復爲汝喜也。天開日月，顯忠遂良，穹官高爵，濫冒封賞，父子復相見於一堂，人皆以爲榮，吾謂非榮乎？然盛者衰之始，福者禍之基，雖以爲榮，又以爲懼也。夫知足不辱，知止不殆〔一〕。吾老矣，得父子相保於牖下，孰與犯盈滿之戒，覆成功而毁令名者耶？」先生洗爵而跽曰：「大人之教，兒所日夜切心者也。」聞者皆歎會遇之隆，感盈成之戒，一時相傳，以爲盛德獲福之徵云。

〔一〕知止不殆　「止」，底本訛作「土」，據文義改。

今上皇帝嘉靖元年壬午，先生五十一歲。正月，疏辭封爵。

先是，先生征贛勤王，俱尚書王瓊先事爲謀，假以便宜行事，每疏捷，必先歸功本兵。宰輔憾焉，至是欲阻先生之進，乃抑同事諸人，將紀功冊改造，務爲删削。先生曰：「冊中所載，可見之功耳。若夫帳下之士，或詐爲兵檄以撓其進止，或僞書反間以離其腹心，或犯難走役而填於溝壑，或以忠抱冤而構死獄中。有將士所不與知，部領所未嘗歷，幽魂所未及泄者，非冊中所能盡載。今於其可見之功，而又裁削之，何以勵效忠赴義之士耶？」乃上疏乞辭封爵，謂：「臣之不敢受者有四：寧藩謀逆數十年，持滿應機而發，自謂可横行於天下矣。而旬月之間，遂至敗滅，豈人力所能及哉？蓋天將厭亂思治，啓神聖中興太平之業也。是天之功，臣叨之矣。廟堂諸臣爲豫事之謀，先假臣提督便宜之權，且使居上游以扼其勢，故臣得以隨宜從事。是帷幄謀議之臣，發縱指示之功也。今大學士楊廷和、兵部尚書王瓊等，俱未蒙顯褒，是諸臣之賢，臣掩之矣。用人之死力以爲己地，是襲下之能也。安受崇爵而不明其自，是忘己之耻也。夫殃莫大於叨天之功，罪莫大於掩人之善，惡莫深於襲下之能，辱莫重於忘己之耻，四者備而禍全。此臣之不敢受爵者，非以辭榮也，避禍焉爾已。」疏上，不報。

二月，居父龍山公喪。

二月十二日己丑，海日翁疾且革。時朝廷推論征藩之功，進封翁及竹軒、槐里公，俱爲新建伯。是日，部咨適至，翁聞使者已在門，促先生及諸弟出迎，曰：「雖倉遽，烏可以廢禮？」問已成禮，然後瞑目而逝。先生戒家人勿哭，加新冕服，拖紳，飭内外含襚諸具，始舉哀，一哭頓絶，病不能勝。門人子弟紀喪，因才任使。仙居金克厚時爲庠生，先生取其謹恪，使監厨。克厚出納品物惟謹，有不慎者，追奪還之，晝夜不息者百餘日，内外井井。室中齋食，百日後，令弟姪輩稍進乾肉，曰：「諸子豢養習久，强其不能，是恣其作僞也。稍寬之，使之各求自盡可也。」越俗，宴吊客必列餅糖，設文綺，烹鮮割肥，以競豐侈，先生盡革之。惟遇高年遠客，素食中間肉二器，曰：「齋素行于幙内，若使吊客同孝子食，非所以安高年而酬賓旅也。」後甘泉先生來吊，見肉食，不喜，遺書致責，先生引罪不敢辨。是年，克厚與洪同貢於鄉，連舉進士，謂洪曰：「吾學得司厨而大益，且私之以取科第。」先生常謂學必操事而後實，誠至教也。○先生卧病，遠方同志日至，乃揭帖於壁曰：「某鄙劣無所知識，且在憂病奄奄中，故凡四方同志之辱臨者，皆不敢相見。或不得已而相見，亦不敢有所論説，各請歸而求諸孔孟之訓可矣。夫孔孟之訓，昭如日月，凡支離决裂，似是而非者，皆異説也。有志於聖人之學者，外孔孟之訓而他求，是舍日月之明，而希光於螢爝之微也，不亦繆乎？有負遠來之情，聊此以謝，荒迷不次。」

七月，再疏辭封爵。

七月十九日，准吏部咨，欽奉聖旨：「論功行賞，古今令典，詩書所載，具可考見。卿倡義督兵，剿除大患，盡忠報國，勞績可嘉。特加封爵，以昭公義，宜勉承恩命，所辭不允。欽此。」先是，先生上疏辭爵，乞普恩典。當國者不明軍旅之賞，而陰行考察，或賞或否，或不行賞而并削其績，或賞未及播而罰已先行，或虚受陞職之名而因使退閒，或冒蒙不忠之號而隨以廢斥。先生曰：「同事諸臣，延頸而待且三年矣。此而不言，誰復有爲之論列者？均秉忠義之氣以赴國難，而功成行賞，惟吾一人當之，人將不食其餘矣。」乃再上疏曰：「日者宸濠之變，實起倉卒。其横氣積威，雖在千里之外，無不震駭失措，而况江西諸郡縣，近切剥床者乎？臣以逆旅孤身，舉事其間，然而未受巡撫之命，則各官非統屬也；未奉討賊之旨，其事乃義倡也。若使其時郡縣各官，果懷畏死偷生之心，但以未有成命，各保土地爲辭，則臣亦可如何哉？然而聞臣之調，即感激奮勵，挺身而來。是非真有捐軀赴難之義，戮力報主之忠，孰肯甘粉虀之禍，從赤族之誅，以希萬一難冀之功乎？然則凡在與臣共事者，皆有忠義之誠者也。披堅執鋭，身親行伍，以及期赴難，而猶不免於不忠之罰，則容有托故推奸，坐而觀望者，又將何以加之？今不彼之議，而獨此之察，則已過矣。昔人有蹊田而奪牛者，然奪牛固已甚矣，猶有蹊田之責也。今人驅牛以耕我之田，既種且穫矣，而追究其耕之未盡善也，復從而奪之牛，無乃太遠於人情乎！夫考課之典，軍旅之政，固並行而不相悖，然亦不可混而施之。今人方其有可録之功，吾且遂行其賞。縱有既往之愆，亦得以今而贖，而其人之過猶未改也，則從而行其黜謫。人將曰昔以功而賞，今以罪而斥，功罪顯而勸懲彰矣。今也將明軍旅之賞，而陰以考課之意行于其間，人但見其賞未施而罰已及，功不録而罪有加，不能創奸警惡，而徒以阻忠義之氣，快讒嫉之心。譬之投杯醪於河水，而曰是有醪焉，亦可飲而醉也。非易牙之口，將不能辯之矣，而求飲者之醉，可得乎？」疏上，不報。〇**按門人陸澄辯忠讒以定國是疏。**時御史程啓充、給事毛玉，倡義論劾，以遏正學，承宰輔意也。公議忿忿不平，澄時爲刑部主事，上疏爲六辯以折之，理明而事核。先生聞而止之曰：「無辯止謗，嘗聞昔人之教矣，況今何止於是？四方英傑，以講學異同之故，議論方興，吾儕可勝辯乎？惟當反求諸己。苟其言而是與，吾斯尚有未信與，則當務求其非，不得輒是己而非人也。使其言而非與，吾斯既以自信與，則當益致踐履之實，以務求於自謙，所謂『默而成之，不言而信』者也。然則今日之多口，孰非吾儕動心忍性，砥礪切磋之地乎？且彼議論之興，非必有所私怨於我，彼其爲說，亦將以爲衛夫道也。況其説本自出於先儒之緒論，固各有所憑據，而吾儕之言，驟異於昔，反若鑿空杜撰者。乃不知聖人之學，本來如是，而流傳失真耳。彼既先横不信之念，莫肯虛心講究，加以吾儕議論之間，或爲勝心浮氣所乘，未免過爲矯激，則固宜其非笑而駭惑矣。此吾儕之責，未可專以罪彼爲也」云云。○是月，德洪赴省試，辭先生，請益。先生曰：「胸中須常有舜禹有天下不與氣象。」德洪請問。先生曰：「舜禹有天下而身不與，又何得喪介於其中耶？」德洪聞之省然，領謝而別。

九月，葬龍山公于石泉山。

嘉靖二年癸未，先生五十二歲。

二月，南宮策士以心學爲問，陰寓去取之意。門人徐珊讀策問，嘆曰：「吾惡能昧吾之知，以倖時好耶？」遂不答而出。聞者難之，曰：「尹彦明後一人也。」同門歐陽德、王臣、魏良弼等，直發師旨不諱，亦在取列，識者歎進退有命。德洪下第歸，深恨時事之乖，見先生。先生喜而相接，曰：「聖學從兹大明。」德洪曰：「時事如此，何見大明？」先生曰：「吾學惡得遍語天下士，今會試録，雖窮鄉深谷無不到矣。吾學既非，天下必有起而求真是者。」○鄒守益、薛侃、黄宗明、馬明衡、王艮等侍坐，共言四方謗議日熾。

先生曰：「諸君且言其故。」有言先生勢位隆盛，是以忌嫉謗；有言先生學日明，爲宋儒爭異同，則以學術謗；有言天下從遊者衆，與其進不保其往，又以身謗謗也。先生曰：「之言者[一]，誠皆有之，特吾自知，諸君論未及耳。」請問。曰：「吾自南京已前，尚有鄉愿意思在。今信得良知，只從良知真是真非，更無掩藏迴護。我今纔做得狂者，使天下盡說我行不掩言，吾亦只依良知行。」請問鄉愿、狂者之辯。曰：「鄉愿以忠信廉潔見取於君子，以同流合汙無忤於小人，故非之無舉，刺之無刺，其處身亦周矣。然究其心，則闇然以媚世也，乃知其忠信廉潔所以媚君子也，同流合汙所以媚小人也。其心已破壞矣，故不可與入堯舜之道。狂者志存古人，一切紛囂俗染，舉不足以累其心，真有鳳凰翱翔寥廓之意，特一克念，即聖人矣。惟不克念，故闊略事情，而行常不掩。惟其不掩，故心尚未壞，而庶可與裁。」曰：「鄉愿何以斷其媚世？」曰：「自其譏狂狷而知之。狂狷不與俗諧，而謂生斯世也，爲斯世也，善斯可矣，此鄉愿志也。故其所爲，皆色取不疑，所以謂之『似』。三代以下，士之取盛名於時者，不過得鄉愿之似而已。

[一] 之言者 「之」，毛本、全書本作「三」。

然究其忠信廉潔，或未免致疑於妻子也。雖欲純乎鄉愿，亦未易得，而況聖人之道乎！」曰：「狂狷爲孔子所思，然至于傳道，終不及琴張輩而傳曾子，豈曾子亦狷者之流乎？」先生曰：「不然。琴張輩，狂者之稟也，雖有所得，終止於狂。曾子，中行之稟也，故能悟入聖人之道。」○先生與黄宗賢書曰：「近與尚謙、子莘、宗明講孟子『鄉愿狂狷』一章，頗覺有所警發，相見時須更一論。四方朋友來去無定，中間不無切磋砥礪之益，但真有力量能擔荷得者，亦自少見。大抵近世學者，無有必爲聖人之志，胸中有物，未得清脱耳。聞引接同志，孜孜不怠，甚善，但論議須謙虚簡明爲佳。若自處過任而詞意重復，却恐無益而有損。」○與尚謙書曰：「謂自咎罪疾，只緣輕傲二字累倒，足知用力懇切。但知輕傲處，便是良知；致此良知，除却輕傲，便是格物。致知二字，是孔門正法眼藏。千古人品，高下真僞，一齊覰破，毫髮不容掩藏，前所論鄉愿，可熟味也。二字在虔時終日論此，同志中尚多未徹。近于古本序中改數語，頗發此意，然見者往往亦不能察。今寄一紙，幸更熟味。此乃千古聖學之秘，從前儒者多不曾悟到，故其説入于支離外道而不覺也。」

九月，改葬龍山公於天柱峰[一]**，鄭太夫人於徐山。**

鄭太夫人嘗附葬餘姚穴湖，既改殯郡南石泉山，及合堃公，開壙有水患，先生夢寐不寧，遂改葬。

十一月，都御史林俊會先生于蕭山。

見素林公致政歸，道錢塘，渡江來訪，先生趨蕭山，迎宿於浮峰寺。公相對感慨時事，慰從行諸友，及時勉學，無負初志。○張元冲在舟中問：「二氏與聖人之學，所差毫釐，謂其皆有得於性命也。但二氏於性命中着些私利，便謬千里矣。今觀二氏作用，亦有功於吾身者，不知亦須兼取否？」先生曰：「説兼取便不是。聖人盡性至命，何物不具，何待兼取？二氏之用，皆我之用，即吾盡性至命中完養此身謂之仙，即吾盡性至命中不染世累謂之佛。但後世儒者不見聖學之全，故與二氏成二見耳。譬之廳堂三間，共爲一廳。儒者不知皆吾所用，見佛氏，則割左邊一間與之；見老氏，則割右邊一間與之；而己則

[一] 天柱峰 「柱」，底本訛作「住」，據毛本改。

自處中間，皆舉一而廢百也。聖人與天地民物同體，儒佛老莊，皆吾之用，是之謂大道。二氏自私其身，是之謂小道。」

陽明先生年譜卷之五

門人餘姚錢德洪 編述
山陰王畿 補輯
後學吉水羅洪先 刪正
滁上胡松
江陵陳大賓
揭陽黃國卿 校正
漳浦王健 校刻

嘉靖三年甲申，先生五十三歲，門人日進。

郡守南大吉以座主稱門生，性豪邁，不拘小節。先生與論學，有悟，乃告先生曰：「大吉臨政多過，先生何無一言？」先生曰：「何過？」大吉歷數其事。先生曰：「吾言之矣。」大吉曰：「何？」曰：「吾不言，何以知之？」曰：「良知自知之。」先生曰：「良知却是我言。」大吉笑謝而去。居數日，復自數過加密，來告曰：「與其過後悔改，不若預言無犯爲佳也。」先生曰：「人言不如自悔之真。」大吉笑謝而去。居數日，復自數過益密，曰：「身過可以勉，心過柰何？」先生曰：「昔鏡未開，可得藏垢，今鏡明矣，一塵之落，自難住脚。此正入聖之機也，勉之。」大吉謝別而去。於是闢稽山書院，聚八邑彦士，身率講習以督之。於時蕭璆、楊汝榮、楊紹芳等來自湖廣，楊仕鳴、薛宗鎧、黄夢星等來自廣東，王艮、孟源、周衡等來自直隸[一]，何秦、黄弘綱等來自南、贛，劉邦采、劉文敏等來自安福，魏良政、魏良器等來自新建，宫刹卑隘，至不能容。先生臨講，蓋環坐而聽者三百餘人。先生臨大衆，只發大學萬物同體之旨，使人各求本性，致極良知以止於至善。功夫有得，則因方設教，故人人悦其易從。海寧董澐，號蘿石，以能詩聞於江湖。年六十八，來遊會稽，聞先生講學，以杖肩其瓢笠詩卷來訪，入門長揖上坐。先生異其氣貌，禮敬之，與之語連日夜。澐有悟，出因何秦强納拜。先生與之

[一] 周衡　天真本、全書本作「周衡」。

探禹穴，登秦望，尋蘭亭之遺迹，徜徉於雲門、若耶、鑑湖之間，澐日有聞，忻然樂而忘歸。其鄉子弟社友皆招之返，且曰：「翁老矣，何乃自苦若是？」澐曰：「吾方幸逃於苦海，憫若之自苦也，顧以吾爲苦耶？吾方揚鬐於渤澥，而振羽于雲霄之上，安能復投網罟而入樊籠乎？去矣，吾將從吾之所好。」遂自號曰「從吾道人」。先生爲之記。

八月十五日，宴門人于天泉橋。

是夜月白如晝[一]，先生命侍者設席于碧霞池上，門人在侍者百餘人。酒半酣，歌聲漸動，久之，或投壺，或聚算，或擊鼓，或催花，或泛舟碧霞池中。先生見諸生興劇，自退密室，作詩有「鏗然舍瑟春風裏，點也雖狂得我情」之句。明日，諸生進見謝過。先生曰：「昔者孔子在陳，思魯之狂士。世之學者，没溺于富貴聲利嗜慾之塲，如拘如囚，自投枷鎖，而莫之省脱，及聞孔子之教，始知一切俗緣，皆非性體，乃豁然脱落。但見得此意，不加躬修實踐，以日入於精微，則便有輕滅世故，闊略倫物之病。雖比世之庸庸瑣瑣者不同，

[一] 是夜月白如晝　「晝」，底本訛作「畫」，據毛本、全書本改。

然其過中失正，未得於道，一也。故孔子在陳之思，思歸以裁之，使入於道耳。今諸君在此講學，但患未得此意。今幸見此，正好精詣力造，以求至於道，無以一見自足，而終止於狂也。」○按是月，舒柏有敬畏累洒落之問，劉侯有入山養靜之問。[一]先生曰：「君子之所謂敬畏者，非有所恐懼憂患之謂也，乃戒慎不睹、恐懼不聞之謂耳。君子之所謂灑落者，非曠蕩放逸、縱情肆意之謂也，乃其心體不累於欲，無入而不自得之謂耳。夫心之本體，即天理也。天理之昭明靈覺，所謂良知也。君子之戒慎恐懼，惟恐其昭明靈覺者或有所昏昧放逸，流於非僻邪妄，而失其本體之正耳。戒慎恐懼之功，無時或間，則天理常存，而其昭明靈覺之本體無所虧蔽，無所牽擾，無所意必固我，無所歉餒愧怍，和融焭徹，充塞流行，動容周旋而中禮，從心所欲而不踰，斯乃所謂真灑落矣。是灑落生於天理之常存，天理常存生於戒慎恐懼之無間，孰謂敬畏之增乃反爲灑落之累耶？」謂劉侯「入坐窮山，絶世故，屏思慮，養吾靈明，通晝夜而不息，然後以無情應世故」。且云「於靜中求之，以爲徑直，但勿流於空寂而已」。「觀前後所論，皆不爲無見。但

[一] 劉侯　底本訛作「劉候」，據毛本、全書本改。

爲學如良醫治病，隨其疾之虛實寒熱，而斟酌補泄之，要在去病而已。初無一定之方，必使人人服之也。君子養心之學，亦自量其受病之深淺，而斟酌爲之耳。但專欲絕世故，屏思慮，偏於虛靜，則恐既已養成空寂之性，雖欲勿流於空寂，不可得矣。大抵治病雖無一定之方，而以去病爲主，則是一定之法。若但知隨病用藥，而不知因藥發病，其失一而已矣。」○**是月，論聖賢之學無妨于舉業。**德洪與先生仲弟守文，讀書於城南之謝墅，携二弟德周、仲實來越。是秋，家君心漁公往視之，魏良政、魏良器輩相携遊南鎮、禹穴、陽明諸洞天，十日忘返。家君三歲雙瞽，性雅好山水，隨地賦詩，登高擇勝，頓忘其歸也。家君問曰：「承諸君相携日久，得無妨課業乎？」二子對曰：「吾舉子業無時不習。」家君曰：「固知學求心得，可通衆理，然舉業從朱説，亦須理會否？」二子曰：「吾學明良知，晦翁之説，譬之打蛇得七寸矣，又何憂不得耶？」家君聞之，進問先生曰：「聖賢之學，果無妨舉業乎？」先生曰：「豈特無妨，乃大益耳。」請問。曰：「學聖賢者，譬之治家，其産業第宅、服食器物，皆所自置而自享用。欲請客，出其所有以享之；客去，其物具在，還以自享，終身用之無窮也。今之爲舉業者，譬之治家不務居積，專以假貸爲能事。欲請客，自廳事以至供具百物，莫不遍借。客幸而來，則諸貸之物，一時豐裕可觀；客去，則盡以還人，一物非所有也。若請客不至，則時過氣衰，借貸亦不偹矣，終身奔勞，作一窶人而已。是求無益於得，求在外也。」家君深□爲然。初至越，尚疑二弟棄舉業，及歸□鄉中父老，教子弟須使聞道，以務求□得[一]。若徒慕富貴，志亦末矣。明年乙酉，大比，稽山書院錢楩與魏良政並發江浙省元。家君聞之，笑曰：「打蛇得七寸矣。」後季弟與諸姪亦相繼科第。○**碧霞池夜坐詩曰**：「一雨秋凉入夜新，池邊孤月倍精神。潛魚水底傳心訣，棲鳥枝頭説道真。莫謂天機非嗜慾，須知萬物是吾身。無端禮樂紛紛議，誰與青天掃宿塵。」又曰：「獨坐秋庭月色新，乾坤何處更閒人。高歌度與清風去，幽意自隨流水春。千聖本無心外訣，六經須拂鏡中塵。却憐擾擾周公夢，未及惺惺陋巷貧。」時朝臣議大禮，紛紛不決。先生曰：「皇上大孝尊親，正宜將順擴充，以孝治天下。此一大機會也，顧乃多議紛紛以阻遏之，何也？議禮不本于至情，徒泥已往之陳迹，是亦青天之宿塵耳。」又曰：「後世學術不明，非特邪説誣民，雖六經聖言，

[一] 底本殘損，闕三字。

不得於心，徒以其詞，亦鏡中之塵耳。」先生有感時事，二詩已示其微矣。四月，服闋，朝中屢疏引薦。霍兀厓、席元山、黄宗賢、黄宗明先後皆以禮問，竟不答。

十月，門人南大吉續刻傳習録。

傳習録，薛侃首刻於虔，凡三卷。至是年，大吉取先生論學書，復增五卷，續刻於越。

四年乙酉，先生五十四歲。正月，夫人諸氏卒。四月，祔葬于徐山。

作稽山書院尊經閣記。

記曰：「經，常道也。其在於天謂之命，其賦於人謂之性，其主於身謂之心。心也，性也，命也，一也。通人物，達四海，塞天地，亘古今，無有乎弗具，無有乎弗同，無有乎或變者也，是常道也。其應乎感也，則爲惻隱，爲羞惡，爲辭讓，爲是非。其見於事也，則爲父子之親，爲君臣之義，爲夫婦之别，爲長幼之序，爲朋友之信。是惻隱也，羞惡也，辭讓也，是非也，是親也，義也，序也，别也，信也，一也。皆所謂心也，性也，命也。

通人物，達四海，塞天地，亘古今，無有乎弗具，無有乎弗同，無有乎或變者也，是常道也。是常道也，以言其陰陽消息之行焉，則謂之易；以言其紀綱政事之施焉，則謂之書；以言其歌詠性情之發焉，則謂之詩；以言其條理節文之著焉，則謂之禮；以言其欣喜和平之生焉，則謂之樂；以言其誠僞邪正之辨焉[一]，則謂之春秋。是陰陽消息之行也，以至於誠僞邪正之辨也，一也。皆所謂心也，性也，命也。通人物，達四海，塞天地，亘古今，無有乎弗具，無有乎弗同，無有乎或變者也，夫是之謂六經。六經者非他，吾心之常道也。故易也者，志吾心之陰陽消息者也；書也者，志吾心之紀綱政事者也；詩也者，志吾心之歌詠性情者也；禮也者，志吾心之條理節文者也；樂也者，志吾心之欣喜和平者也；春秋也者，志吾心之誠僞邪正者也。君子之於六經也，求之吾心之陰陽消息而時行焉，所以尊易也；求之吾心之紀綱政事而時施焉，所以尊書也；求之吾心之歌詠性情而時發焉，所以尊詩也；求之吾心之條理節文而時著焉，所以尊禮也；求之吾心之欣喜和平而時生焉，所以尊樂也；求之吾心之誠僞邪正而時辨焉，所以尊春秋也。蓋

[一] 誠僞邪正之辨焉 「辨」，底本訛作「辦」，據全書卷七稽山書院尊經閣記改，下文倣此。

昔者聖人之扶人極，憂後世而述六經也，猶之富家者之父祖慮其産業庫藏之積，其子孫者或至於遺忘散失，卒困窮而無以自全也，而記籍其家之所有以貽之，使之世守其産業庫藏之積而享用焉，以免於困窮之患。故六經者，吾心之記籍也，而六經之實，則具於吾心。猶之産業庫藏之實，種種色色，具存於其家，其記籍者，特名狀數目而已。而世之學者，不知求六經之實於吾心，而徒考索於影響之間，牽制於文義之末，硜硜然以爲是六經矣。是猶富家之子孫不務守成規，享用其産業庫藏之實積，日遺忘散失，至於窶人丐夫，而猶囂囂然指其記籍曰：斯吾産業庫藏之積也。何以異於是？嗚呼！六經之學，其不明於世非一朝一夕之故矣。尚功利，崇邪説，是謂亂經；習訓詁，傳記誦，没溺於淺聞小見，以塗天下之耳目，是謂侮經；侈淫辭，競詭辯，飾奸盜行，逐世壟斷，而猶自以爲通經，是謂賊經。若是者，是并其所謂記籍者而割裂棄毁之矣。寧復知所以爲尊經也乎？」○按是年作四大記。南大吉築尊經閣於稽山書院，匾莅政之堂曰「親民堂」，又使山陰知縣吴嬴重脩縣學，皆以記請。提學僉事萬潮，滓礪兩浙之士，使來越問學。秋試後，與監察御史潘倣，拓新萬松書院於省城之南，取試士之録而未盡者，廩餼於書院，師聯之，亦以記請。先生皆爲作記，記見文録。

六月，禮部尚書席書薦。

先生服闋，例應起復，御史石金等交章論薦，皆不報。尚書席書爲疏特薦曰：「生在臣前者見一人，曰楊一清；生在臣後者見一人，曰王守仁。且使親領誥券，趨闕謝恩。」於是楊一清入閣辦事。明年，有領券謝恩之召，尋不果。

九月，歸姚省墓，集門人於中天閣。

先生書龍泉寺閣壁以勉諸生曰：「雖有天下易生之物，一日暴之，十日寒之，未有能生者也。承諸君之不鄙，每予來歸，咸集於此，以問學爲事，甚盛意也。然不能旬日之留，而旬日之間，又不過三四會。一别之後，輒復離群索居，不相見者動經年歲，然則豈惟十日之寒而已乎？若是而求萌蘖之暢茂條達，不可得矣。故予切望諸君，勿以予之去留爲聚散，或五六日，八九日，雖有俗事相妨，亦須破冗一會於此。務在誘掖獎勸，砥礪切磋，使道德仁義之習，日親日近，則勢利紛華之染，亦日遠日踈，所謂相觀而善，百工居肆以成其事者也。相會之時，尤須虛心遜志，相親相敬。大抵朋友之交，以相下爲益。或議論未合，要在從容涵育，相感以誠，不得動氣求勝，長傲遂非，務在默而成之，不言而信。其或矜己之長，攻人之短，麄心浮氣，矯以沽名，訐以爲直，挾勝心而行憤嫉，以圮族敗群爲志，則雖日講時習於此，亦無益矣。諸君念之念之。」會日，每月以朔望、初八、廿三爲期。○**答顧東橋璘書**有曰：「吾子洞見時弊如此，亦將何以救之？誠意之說，自是聖門教人用功第一義，近世學者乃作第二義看，故稍與提掇緊要，非鄙人所能特倡也。格致誠正，就學者本心日用事爲間體究踐履，實地用功，本與空虛頓悟之說相反。學者有必爲聖人之志，不泥成說，則一語之下，自當瞭然矣。朱子所謂『格物』云者，在即物而窮其理，即物窮理，是就事事物物上求其所謂定理者也。是以吾心而求理於事事物物之中，析心與理而爲二矣。夫求理於事事物物者，如求孝之理於其親之謂也。求孝之理，果在於吾之心耶？抑果在於親之身耶？假而果在於親之身，而親没之後，吾心遂無孝之理與？見孺子之入井，必有惻隱之理，是惻隱之理，果在孺子之身與？抑在於吾心之良知與？其或不可以從之於井與？其或可以手援之與？是皆所謂理也，是果在於孺子之身與？抑果出於吾心之良知與？以是例之，萬事萬物之理，莫不皆然。是可以見析心與理爲二之非矣。夫析心與理而爲二，此告子『義外』之説，孟子之所深闢也。務外遺內，博而寡要，吾子既已知之矣。是果何謂而然哉？謂之玩物喪志，尚猶以爲不可與？若鄙人所謂致知格物者，致吾心之良知於事事物物也。吾心之良知，即所謂天理也。致吾心之天理於事事物物，則事事物物皆得其理矣。致吾心之良知者，致知也；事事物物皆得其理者，格物也；是合心與理而爲一者也。合心與理而爲一，則凡區區前之所云，與朱子晚年之論，皆可不言而喻矣。」又曰：「區區論致知格物，正所以窮理，未嘗戒人窮理，使之深居端坐，而一無所事也。若謂即物窮理，如前所云務外而遺內者，則有所不可耳。昏闇之士[一]，果能隨事隨物精察此心之天理，以致其本然之良知，則雖愚必明，雖柔必强。大本立而達道行，九經之屬，可一以貫之而無遺矣。尚何患其無致用之實乎？彼頑空虛靜之徒，不知隨事隨物精察此心之天理，以致其本然之良知，而遺棄倫理，寂滅虛無以爲常，是以要之不可以治家國天下。孰謂聖人窮理盡性之學，而亦有是弊哉？

[一] 昏闇之士　「闇」，底本訛作「問」，據毛本改。

心者，身之主也，而心之虚靈明覺，即所謂本然良知也。其虚靈明覺之良知，應感而動者謂之意，有知而後有意，無知則無意矣，知非意之體乎？意之所用，必有其物，物即事也。如意用於事親，即事親爲一物；意用於治民，則治民爲一物；意用於讀書，即讀書爲一物；意用於聽訟，即聽訟爲一物。凡意之所在，無有無物者，有是意即有是物，無是意即無是物，物非意之用乎？『格』字之義，有以『至』字訓者。如『格于文祖』，必純孝誠敬，幽明之間，無一不得其理，而後謂之『格』。有苗之頑，實『文德誕敷』而後『格』，則亦兼有『正』字之義在其間，未可專以『至』字盡之也。如『格其非心』、『大臣格君心之非』之類，是則一皆正其不正以歸於正之義，而不可以『至』字爲訓矣。且大學『格物』之訓，又安知不以『正』字爲義乎？如以『至』字爲義者，必曰『窮至事物之理』而後其説始通。是其用功之要，全在一『窮』字；用力之地，全在一『理』字也。若上去一『窮』字，下去一『理』字，而直曰『致知在至物』，其可通乎？夫『窮理盡性』，聖人之成訓，見於繫辭者也。苟格物之説而果即窮理之義，則聖人何不直曰『致知在窮理』，而必爲此轉折不完之語以啓後世之弊耶？蓋大學『格物』之説，自與繫辭

『窮理』大旨雖同，而微有分辯。窮理者，兼格致誠正而爲功也。故言窮理，則格致誠正之功皆在其中。言格物，則必兼舉致知、誠意、正心，而後其功始備而密。今偏舉格物而遂謂之窮理，此所以專以窮理屬知，而謂格物未嘗有行，非惟不得格物之旨，并窮理之義而失之矣。此後世之學，所以析知行爲先後，日以入於支離决裂，而聖學日以殘晦者，其端實始於此。吾子蓋亦未免承沿積習，則見以爲道體相脗合[一]，不爲過矣。」

其末繼以拔本塞源之論，其略曰：「夫聖人之心，以天地萬物爲一體。其視天下之人，無内外遠近，凡有血氣，皆其昆弟赤子之親，莫不安全而教養之，以遂其萬物一體之念。天下之人心，其始亦非有異於聖人也。特其間於有我之私[二]，隔於物欲之蔽，大者以小，通者以塞，人各有心，至有視其父子兄弟如仇讐者。聖人有憂之，是以推其天地萬物一體之仁以教天下，使之皆有以克其私、去其蔽，以復其心體之同然。其教之大端，則堯、舜、禹之相授受，所謂『道心惟微，惟精惟一，允執厥中』，而其節目，則舜之命契，

[一] 則見以爲道體相脗合　毛本以及全書卷二答顧東橋書「相」上有「未」字。

[二] 特其間於有我之私　「我」，底本訛作「哉」，據毛本、全書本改。

所謂『父子有親，君臣有義，夫婦有别，長幼有序，朋友有信』五者而已。唐、虞、三代之世，教者惟以此爲教，而學者惟以此爲學。當是之時，人無異見，家無異習，安此者謂之聖，勉此者謂之賢，而背此者，雖其啓明如朱，亦謂之不肖。下至閭井田野農工商賈之賤，莫不皆有是學，而惟以成其德行爲務。何者？無有聞見之雜，記誦之煩，辭章之靡濫，功利之馳逐，而但使之孝其親、弟其長、信其朋友，以復其心體之同然。是蓋性分之所固有，而非有假於外者，則人亦孰不能之乎？學校之中，惟以成德爲事，而才能之異，或有長於禮樂，長於政教，長於水土播植者，則就其成德，而因使益精其能於學校之中。迨夫舉德而任，則使之終身居其職而不易。用之者，惟知同心一德，以共安天下之民，視才之稱否，而不以崇卑爲輕重，勞逸爲美惡。效用者，亦惟知同心一德，以共安天下之民。苟當其能，則終身處於煩劇而不以爲勞，安於卑瑣而不以爲賤。當是之時，熙熙皥皥，皆相視如一家之親。其才質之下者，則安其農工商賈之分，各勤其業，以相生相養，而無有乎希高慕外之心。其才能之異，若皋、夔、稷、契者，則出而各效其能。若一家之務，或營其衣食，或通其有無，或備其器用，集謀并力，以求遂其仰事俯育之願。惟恐當其事者之或怠，而重己之累也。故稷勤其稼，而不耻其不知教，視契之善教，即己之善教也；夔司其樂，而不耻於不明禮，視夷之通禮，即己之通禮也。蓋其心學純明，而有以全其萬物一體之仁，故其精神流貫，志氣通達，而無有乎人己之分，物我之間。譬之一人之身，目視耳聽，手持足行，以濟一身之用。目不耻其無聰，而耳之所涉，目必營焉；足不耻其無執，而手之所探，足必前焉。蓋其元氣充周，血脉條暢，是以痒痾呼吸，感觸神應，有不言而喻之妙。此聖人之學，所以至易至簡，易知易從，學易能而才易成者，正以大端惟在復心體之同然，而知識技能非所與論也。三代之衰，王道熄而霸術焻；孔、孟既没，聖學晦而邪説横。教者不復以此爲教，而學者不復以此爲學。霸者之徒，竊取先王之近似者，假之於外，以内濟其私己之欲。天下靡然而宗之，聖人之道，遂以蕪塞，相倣相效，日求所以富强之説，傾詐之謀，攻伐之計。一切欺天罔人，苟一時之得，獵取聲利之術，若管、商、蘇、張之屬者，至不可以名數。既其久也，鬭爭刧奪，不勝其禍，斯人淪於禽獸夷狄，而霸術亦有所不能行矣。世之儒者慨然悲傷，蒐獵先聖王之典章法制，而掇拾脩補於煨燼之餘。蓋其爲心，良亦欲挽回先王之道。聖學既遠，霸術之傳，積漬已深，雖在賢知，皆不免於習染。其所以講明脩飾，以求宣暢光復於世者，僅足以增霸者之藩籬，而聖學之門墻，遂不復可覩。於是乎有訓詁之學，而傳之以爲名；有記誦之學，而言之以爲博；有詞章之學，而侈之以爲麗。若是者，紛紛籍籍，群起角立於天下，又不知其幾家，萬徑千蹊，莫知所適。世之學者如入百戲之場，讙謔跳踉，騁奇鬬巧，獻笑爭妍者，四面而競出，前瞻後盼，應接不遑，而耳目眩瞀，精神恍惑，日夜遨遊淹息其間，如病狂喪心之人，莫自知其家業之所歸。時君世主，亦皆昏迷顛倒於其說，而終身從事於無用之虛文，莫自知其所謂。間有覺其空疎謬妄、支離牽滯，而卓然自奮，欲以見諸行事之實者，極其所抵，亦不過爲富强功利五霸之事業而止。聖人之學，日遠日晦，而功利之習，愈趨愈下。其間雖嘗瞽惑於佛老，而佛老之說，卒亦未能有以勝其功利之心；雖又嘗折衷於群儒，而群儒之論，終亦未能有以破其功利之見。蓋至於今，功利之毒，淪浹於人之心髓，而習以成性也，幾千年矣。相矜以知，相軋以勢，相爭以利，相高以技能，相取以聲譽。其出而仕也，理錢穀者則欲并夫兵刑，典禮樂者又欲與於銓軸，處郡縣則思藩臬之高，居臺諫則望宰執之要。故不能其事則不得以兼其官，不通其説則不可以要其譽。記誦之廣，適以長其敖也；知識之多，適以行其惡也；聞見之博，適以肆其辯也；辭章之富，適以飾其僞也。是以皋、夔、稷、契所不能兼之事，而今之初學小生，皆欲通其説，究其術。其稱名借號，未嘗不曰吾欲以共成天下之務，而其誠心實意之所在，以爲不如是，則無以濟其私而滿其欲也。嗚呼！以若是之積染，以若是之心志，而又講之以若是之學術，宜其聞吾聖人之教，而視之以爲贅疣枘鑿，則以其良知爲未足，而謂聖人之學爲無所用，亦其勢有所必至矣。嗚呼！士生斯世，而尚何以求聖人之學乎？尚何以論聖人之學乎？士生斯世而欲以爲學者，不亦勞苦而煩難乎？不亦拘滯而險艱乎？嗚呼！可悲也已。所幸天理之在人心，終有所不可泯，而良知之明，萬古一日，則其聞吾拔本塞源之論，必有惻然而悲，戚然而痛，憤然而起，沛然若決江河，而有所不可禦者矣。非夫豪傑之士，無所待而興者，吾誰與望乎？」

十月，門人立陽明書院於越城。

書院在越城西郭門内光相橋之東。後六年辛卯，巡按御史門人周汝員建祠於樓前，匾曰「陽明先生祠」。

五年丙戌，先生五十五歲。三月，與門人鄒守益書。

守益謫判廣德州，築復古書院以集生徒，刻諭俗禮要以風民俗。書至，先生復書贊之曰：「禮要宗文公家禮而簡約之，切近人情，甚善甚善。非吾謙之誠有意於化民成俗，未肯汲汲爲此也。古禮之存於世者，老師宿儒，當年不能窮其說。世之人苦其煩且難，遂皆廢置而不行。故今之爲人上而欲導民於禮者，非詳且備之爲難，惟簡切明白，而使人易行之爲貴耳。中間如四代位次及祔祭之類，固區區向時欲稍改以從俗者，今皆斟酌爲之，於人情甚協。蓋天下古今之人，其情一而已矣。先王制禮，皆因人情而爲之節文，是以行之萬世而皆準。其或反之吾心而有所未安者，非其傳記之訛闕，則必古今風氣習俗之異宜者矣。此雖先王未之有，亦可以義起，三王之所以不相襲禮也。若徒拘泥於古，不得於心而冥行焉，是乃非禮之禮，行不著而習不察者矣。後世心學不講，人失其情，難乎與之言禮。然良知之在人心，則萬古如一日。苟順吾心之良知以致之，則所謂『不知足而爲屨，我知其不爲蕢矣』。非天子不議禮制度，今之爲此，非以議禮爲也。徒以末世廢禮之極，聊爲之兆以興起之，故特爲此簡易之説，欲使之易知易從焉耳。冠婚喪祭之外，附以鄉約，其於民俗亦甚有補。至於射禮，似宜别爲一書，以教學者，而非所以求諭於俗。今以附於其間，卻恐民間以非所常行，視爲不切，又見其説之難曉，遂并其冠婚喪祭之易曉者而棄之也。文公家禮所以不及於射，或亦此意也與？」

○**按徐愛録祠堂位祔之制。**或問：「文公家禮高曾祖禰之位皆西上，以次而東，於心切有未安。」陽明子曰：「古者廟門皆南向，主皆東向。合祭之時，昭之遷主列於北牖，穆之遷主列於南牖，皆統於太祖東向之尊，是故西上以次而東。今祠堂之制既異於古，而又無太祖東向之統，則西上之説，誠有所未安。」曰：「然則今當何如？」曰：「禮以時爲大。若事死如事生，則宜以高祖南向，而曾祖禰東西分列，席皆稍降而弗正對，似於人心爲安。曾見浦江之祭，四代考妣皆異席，高考妣南向，曾祖禰考皆西向，妣皆東向，各依世次，稍退半席。其於男女之别，尊卑之等，兩得其宜。今吾家亦如此行。但恐民間廳事多淺隘，而器物亦有所不備，則不能以通行耳。」又問：「無後者之祔，於己之子姪，固可下列矣。若在高曾之行，宜何如祔？」陽明子曰：「古者大夫三廟，不及其高矣。適士二廟，不及其曾矣。今民間得祀高曾，蓋亦體順人情之至。例以古制，則既爲僭，况在其行之無後者乎？古者士大夫無子，則爲之置後，無後者鮮矣。後世人情偷薄，始有棄貧賤而不嗣者。古所謂無後，皆殤子之類耳。祭法：王下祭殤五，適子，適孫，適曾孫，適玄孫，適來孫。諸侯下祭三，大夫二，適士及庶人祭子而止，則無後之祔，皆子孫屬也。今民間既得假四代之祀，以義起之，雖及弟姪可矣。往年湖湘一士人家，有曾伯祖與堂叔祖皆賢而無後者，欲爲立嗣，則族衆不可；欲弗祀，則思其賢有所不忍也。以問於某，某曰：『不祀二三十年矣，而追爲之嗣，勢有所不行矣。若在士大夫家，自可依古族厲之義，於春秋二社之次，特設一祭，凡族之無後而親者，各以昭穆之次配祔之，於義亦可也。』」

四月，復門人南大吉書。

大吉入覲，見黜於時，致書先生，千數百言，勤勤懇懇，惟以得聞道爲喜，急問學爲事，恐卒不得爲聖人爲憂，略無一字及於得喪榮辱之間。先生讀之嘆曰：「此非真有朝聞夕死之志者，未易以涉斯境也。」同門遞觀傳誦，相與嘆仰歆服，因而興起者多矣。先生復書曰：「世之高抗通脱之士，捐富貴，輕利害，棄爵禄，决然長往而不顧者，亦皆有之。彼其或從好於外道詭異之説，投情於詩酒山水技藝之樂，又或奮發於意氣，感激於憤悱，牽溺於嗜好，有待於物以相勝，是以去彼取此而後能。及其所之既倦，意衡心鬱，情隨事移，則憂愁悲苦隨之而作。果能捐富貴，輕利害，棄爵禄，快然終身，無入而不自得已乎？夫惟有道之士，真有以見其良知之昭明靈覺，圓融洞徹，廓然與太虚而同體。太虚之中，何物不有，而無一物能爲太虚之障礙。蓋吾良知之體，本自聰明睿智，本自寬裕温柔，本自發强剛毅，本自齋莊中正、文理密察，本自溥博淵泉而時出之。本無富貴之可慕，本無貧賤之可憂，本無得喪之可欣戚，愛憎之可取舍。蓋吾耳而非良知，則不能以聽矣，又何有於聰？目而非良知，則不能以視矣，又何有於明？心而非良知，則不能以思與覺矣，又何有於睿知？然則又何有於寬裕温柔乎？又何有於發强剛毅乎？又何有於齋莊中正、文理密察乎？又何有於溥博淵泉而時出之乎？故凡慕富貴，憂貧賤，欣戚得喪，愛憎取舍之類，皆足以蔽吾聰明睿知之體，窒吾淵泉時出之用。若此者，如明目之中而翳之以塵沙，聰耳之中而塞之以木楔也。其疾痛鬱逆，將必速去之爲快，而何能忍於時刻乎？故凡有道之士，其於慕富貴，憂貧賤，欣戚得喪愛憎之相值，若飄風浮靄之往來變化於太虚，而太虚之體，固常廓然其無礙也。元善今日之所造，其殆庶幾於是矣乎？是豈有待於物以相勝而去彼取此，激昂於一時之意氣者所能强，而聲音笑貌以爲之乎？元善自愛，元善自愛。關中自古多豪傑，其忠信沉毅之質，明達英偉之器，四方之士，吾見亦多矣，未有如關中之盛者也。然自横渠之後，此學不講，或亦與四方無異矣。自此關中之士有所振發興起，進其文藝於道德之歸，變其氣節爲聖賢之學，將必自吾元善昆季始也。今日之歸，謂天爲無意乎？謂天爲無意乎？」

答門人歐陽德書。

歐陽德昔見先生於虔，最年少，時已領鄉薦，先生恒以「小秀才」呼之，故遣服役。德欣欣恭命，雖勞不怠，先生深器之。嘉靖癸未，第進士，出守六安州數月，奉書曰：「初政倥傯，後稍次第，始得與諸生講學。」先生曰：「吾所講學，正在政務倥傯中，豈必聚徒而後爲講學耶？」後嘗與書，有曰：「良知不因見聞而有，而見聞莫非良知之用，故良知不滯於見聞，而亦不離於見聞。孔子云：『吾有知乎哉？無知也。』良知之外，則無知矣。故致良知，是學問大頭腦，是聖門教人第一義。今云專求之見聞之末，則是失却頭腦，而已落在第二義矣。近時同志中，蓋已莫不知有『致良知』之說，然其間工夫尚多鶻突者，正是欠此一問。大抵學問工夫，只要主意頭腦是當。若主意頭腦專以致良知爲事，則凡多聞多見，莫非致良知之功。蓋日用之間，見聞酬酢，雖千頭萬緒，莫非良知之發用流行。除却見聞酬酢，亦無良知可致矣，故只是一事。若曰致其良知而求之見聞，則語意之間，未免爲二。此與專求之見聞之末者雖稍不同，其爲未得精一之旨，則一而已。『多聞，擇其善者而從之，多見而識之。』既云擇，又云識，其良知亦未嘗不行於其間。但其立意，乃專在多聞多見上去擇識，則已失却頭腦矣。崇一於此等處，見得當已分曉。今日之問，正爲發明此學，於同志中極有益，但語意未瑩，則毫釐千里，亦不容不精察之也。」○德洪與王畿並舉南宮，俱不廷對，偕黄弘綱、張元冲同舟歸越。

先生喜，凡初及門，必令引導，俟志定有入，方請見。每臨坐，默對焚香無語。

八月，答門人聶豹書。

是年夏，豹以御史巡按福建，渡錢塘來見先生。別後致書，謂「思、孟、周、程，無意相遭於千載之下，與其盡信於天下，不若真信於一人。道固自在，學亦自在，天下信之不爲多，一人信之不爲少」云云。先生答書曰：「讀來諭，誠見君子不見是而無悶之心，世之譾譾屑屑者，知未足以及此。乃區區之情，則有大不得已者存乎其間，非以計人之信與不信也。夫人者，天地之心，天地萬物，本吾一體者也。生民之困苦荼毒，孰非疾痛之切於吾身者乎？不知吾身之疾痛，無是非之心者也。是非之心，不慮而知，不學而能，所謂良知也。良知之在人心，無間於聖愚，天下古今之所同也。世之君子，惟務致其良知，則自能公是非，同好惡，視人猶己，視國猶家，而以天地萬物爲一體。求天下無治，不可得矣。古之人所以能見善不啻若己出，見惡不啻若己入，視民之飢溺，猶己之飢溺，而一夫不獲，若己推而納諸溝中者，非故爲是而以蘄天下之信己也[一]，務致其良知，

[一] 而以蘄天下之信己也　「蘄」，底本訛作「斬」，據毛本、全書本改，下文倣此。

求自謙而已矣。堯、舜、三王之聖，言而民莫不信者，致其良知而言之也；行而民莫不悦者，致其良知而行之也。是以其民熙熙皞皞，殺之不怨，利之不庸，施及蠻貊，而凡有血氣者，莫不尊親，爲其良知之同也。嗚呼！聖人之治天下，何其簡且易哉。後世良知之學不明，天下之人，用其私智以相比軋，是以人各有心，而偏瑣僻陋之見，狡僞陰邪之術，至於不可勝説。外假仁義之名，而内以行其自私自利之實。詭辭以阿俗，矯行以干譽。掩人之善，而襲以爲己長；訐人之私，而竊以爲己直。忿以相勝，而猶謂之狥義；險以相傾，而猶謂之疾惡。妬賢嫉能，而猶自以爲公是非；恣情縱欲，而猶自以爲同好惡。相凌相賊，自其一家骨肉之親，已不能無爾我勝負之意，彼此藩籬之形，而況於天下之大，民物之衆，又何能一體而視之？則亦無怪於紛紛籍籍，而禍亂相尋於無窮矣。僕誠賴天之靈，偶有見於良知之學，以爲必由此，而後天下可得而治。是以每念斯民之陷溺，則爲之戚然痛心，忘其身之不肖，而思以此救之，亦不自知其量者。天下之人見其若是，遂相與非笑而詆斥，以爲是病狂喪心之人耳。嗚呼！是奚足恤哉。吾方疾痛之切體，而暇計人之非笑乎？人固有見其父子兄弟之墜深淵者，呼號匍匐、踝跣顛頓[一]，攀懸厓壁而下拯之。士之見者，方相與揖讓談笑於其傍，以爲是棄其禮貌衣冠，而呼號顛頓若此，是病狂喪心者也。故夫揖讓談笑於溺人之傍而不知救，此惟行路之人，無親戚骨肉之情者能之。然已謂之無惻隱之心，非人矣。若夫在父子兄弟之愛者，則固未有不痛心疾首，狂奔盡氣，匍匐而拯之。彼將陷溺之禍有不顧，而况於病狂喪心之譏乎？而又况於蘄人之信與不信乎？嗚呼！今之人，雖謂僕爲病狂喪心之人，亦無不可矣。天下之人心，皆吾之心也。天下之人，猶有病狂者矣，吾安得而非病狂乎？猶有喪心者矣，吾安得而非喪心乎？昔者孔子之在當時，有議其爲諂者，有譏其爲佞者，有毁其未賢，詆其爲不知禮，而侮之以爲『東家丘』者，有嫉而沮之者，有惡而欲殺之者。晨門、荷蕢之徒，皆當時之賢士，且曰『是知其不可而爲之者與』，『鄙哉，硜硜乎，莫己知也，斯已而已矣』。雖子路在升堂之列，尚不能無疑於其所見，不悦於其所欲往，而且以之爲迂，則當時之不信夫子者，豈特十之一二而已乎？然而夫子汲汲遑遑，若求亡子於道路，而不暇於煖

[一] 踝跣顛頓　據全書卷二答聶文蔚，「踝」當爲「祼」之訛。

席者，寧以蘄人之信我知我而已哉？蓋其天地萬物一體之仁，疾痛迫切，雖欲已之，而自有所不容已。故其言曰『吾非斯人之徒與而誰與』，『欲潔其身而亂大倫』，『果哉，末之難矣』。嗚呼！此非誠以天地萬物爲一體者，孰能以知夫子之心乎？若其遯世無悶，樂天知命者，則固無入而不自得，道並行而不相悖也。僕之不肖，何敢以夫子之道爲己任，顧其心亦已稍知疾痛之在身，是以徬徨四顧，相求其有助於我者，相與講去其病耳。今誠得豪傑同志之士，扶植贊翼，共明良知之學於天下，使天下之人，皆知自致其良知，以相安相養，去其自私自利之蔽，一洗讒妬勝忿之習，以躋於大同，則僕之狂病，固將脱然以愈，而終免於喪心之患矣。豈不快哉！嗟乎！今誠欲求豪傑同志之士於天下，非如吾文蔚者，而誰望之乎？如吾文蔚之才與志，誠足以援天下之溺者。今又既知其具之在我，而無假於外求矣，循是以往，若決河注海，孰得而禦哉！文蔚所謂一人信之不爲少，其又能遜以委之何人乎？會稽素號山水之區，深林長谷，信步皆是，寒暑晦明，無時不宜。安居飽食，塵囂無擾，良朋四集，道義日新，優哉優哉，天地之間，寧復有樂於是者！孔子云：『不怨天，不尤人，下學而上達。』僕與二三同志，方將請事斯語，奚暇外慕。

獨其切膚之痛，乃有未能恝然者，輒復云爾。」○按豹初見先生稱晚生，後六年，出守蘇州，先生已違世四年矣。欲刻所答二書於石，見德洪、王畿曰：「吾學誠得諸先生，尚冀再見稱贄，今不及矣，兹以二君爲證。」具香案，拜先生，遂稱門人於石刻。

十一月庚申，子正億生。

先生初得子，年已五十有五矣。鄉先達有靜齋、六有者，皆年踰九十，聞而喜，以二詩爲賀。先生次韻謝答之，其一曰：「海鶴精神老益强，晚途詩價重圭璋。洗兒惠比金錢貴，爛目光呈奎井祥。何物敢云繩祖武，他年只好共爺長。偶聞燈事開湯餅〔一〕，庭樹春風轉歲陽。」其二曰：「自分秋禾後吐芒，敢云琢玉晚成璋。漫憑先德餘家慶，豈是生申降嶽祥。攜抱且堪娱老况，長成或可望書香。不辭歲歲臨湯餅，還見吾家第幾郎。」○正億，先生初命名曰正聰。後七年壬辰，外舅黄綰時爲南京禮部侍郎，攜至官邸，因時相避諱，改名，責德洪爲文奠告先生，更今名。繼母張氏，貞靜任惠，克敦師教，内外順德，不

〔一〕偶聞燈事開湯餅　「聞」，全書卷二十原詩作「逢」。

言而肅。時當旌年，未及表聞而卒。歲癸亥，以正億錦衣貴，贈宜人。

十二月，作惜陰説。

劉邦采合安福同志爲會，名曰「惜陰」，請先生書會籍。先生爲之説曰：「同志之在安成者，間月爲會五日，謂之『惜陰』，其志篤矣。然五日之外，孰非惜陰時乎？離群而索居，志不能無少懈，故五日之會，所以相稽切焉耳。嗚呼！天道之運，無一息之或停。吾心良知之運，亦無一息之或停。良知即天道，謂之『亦』，則猶二之矣。知良知之運無一息之或停者，則知惜陰矣。知惜陰者，則知致其良知矣。子在川上曰：『逝者如斯夫，不舍晝夜。』此其所以學如不及，至於發憤忘食也。堯、舜兢兢業業，成湯日新又新，文王純亦不已，周公坐以待旦，惜陰之功，寧獨大禹爲然？子思曰：『戒慎乎其所不睹，恐懼乎其所不聞』，『知微之顯，可以入德矣。』或曰雞鳴而起，孳孳爲利，凶人爲不善，亦惟日不足，然則小人亦可謂之惜陰乎？」○按先生明年丁亥，過吉安，寄書安福諸同志曰：「諸友始爲惜陰之會，當時惟恐只成虚語。邇來乃聞遠近豪傑聞風而至者以百數，此可以見良知之同然，而斯道大明之幾，於此亦可以卜之矣。喜慰可勝言耶！得虞卿及諸同志寄來書，所見比舊又加親切，足驗工夫之進，可喜可喜。只如此用工去，當不能有他岐之惑矣。明道有云：『寧學聖人而不至，不以一善而成名。』此爲有志聖人，而未能真得聖人之學者，則可如此説。若今日所講良知之説，乃真是聖學之的傳，但從此學聖人，卻無有不至者。惟恐吾儕尚有一善成名之意，未肯專心致志於此耳。在會諸同志，雖未及一一面見，固已神交於千里之外，相見時，幸出此共勉之。」○先生既没，鄒守益以祭酒致政歸，復與邦采、劉文敏、劉子和、劉陽、歐陽瑜、劉肇衮、尹一仁等，建復古、蓮山、復真諸書院，爲一邑四鄉會，出青原山，合五郡爲春秋二季會。三十年來，師教日明，而四方同志之會日起者，惜陰倡之也。

陽明先生年譜卷之六

門人餘姚錢德洪 編述
山陰王畿 補輯
後學吉水羅洪先 删正
滁上胡松
江陵陳大賓
揭陽黄國卿 校正
漳浦王健 校刻

六年丁亥，先生五十六歲。四月，鄒守益刻文録于廣德州。

守益録先生文字請刻，先生自標年月，命德洪類次，且遺書曰：「所録以年月爲次，不復分别體類。蓋專以講學明道爲事，不在文辭體製間也。」明日，德洪掇拾所遺請刻。

先生曰：「此便非孔子删述六經手段。三代之教不明，蓋因後世學者繁文盛而實意衰，故所學忘其本耳。比如孔子删詩，三千之多，若以其辭，豈止三百篇？惟其一以明道爲志，故所取止此，例之六經皆然。若以愛惜文辭，便非孔子垂範後世之心矣。」德洪曰：「先生文字，雖一時應酬不同，亦莫不本於性情。況學者傳誦日久，恐後爲好事者攙拾，反失今日裁定之意矣。」先生許刻附録一卷，以遺守益，凡四册。

五月，命兼左都御史，帥師征思、田。

先是廣西田州岑猛爲亂，提督都御史姚鏌征之，奏稱猛父子悉擒，降勅論功行賞已訖。遺目盧蘇、王受構衆煽亂，攻陷思恩，鏌復合四省兵征之，久弗克。巡按御史石金論鏌圖田州既不可得，并思恩胥復失之。朝議用侍郎張璁、桂萼薦，特起先生總督兩廣及江西、湖廣軍務，度量事勢，隨宜撫勦，議設土官、流官孰便，并覈當事諸臣功過以聞。且責以體國爲心，毋或循例辭避。先生聞命，上疏言：「臣自江西事平之後，身罹讒構危疑，幸得天日開明，進官封爵，召還京師。因乞便道歸省，尋遭父喪，未獲赴闕陳謝，服闋卧病，迄今六年于兹矣。尚未能一睹天顔，稽首闕下，耿耿熱中。今奉有成命，總制四省軍務，督同都御史姚鏌等勘處夷情機宜。臣伏自念，君命之召，當不俟駕而行，矧兹軍旅，何敢言辭。顧臣患痰疾增劇，若冒病輕出，至於僨事，死無及矣。臣又復思思、田之役，起于土官讐殺，比之寇賊之攻劫郡縣，荼毒生靈者，勢尚差緩。若處置得宜，事亦可集。鏌素老成，一時利鈍，亦兵家之常，要在責成，難拘速效。御史石金據事論奏，是蓋爲國遠圖，所以激勵鏌等，使之善後，收之桑榆也。臣本書生，不習軍旅，往歲江西之役，皆偶會機宜，幸而成事。臣之才識，殆不及鏌，況是役也，必嘗熟慮，中事少阻，輒以臣之庸劣參之，所見或有異同，鏌等益難展布。夫軍旅之任，在號令嚴一，賞罰信果，已擇主帥，授以閫寄，且當聽其所爲。臣以爲思、田今日之事，宜專責鏌等，隆其委任，重其威權，略其小過，假以歲月，而要其成功。至於終無底績，然後别選才能，兼諳民情土俗，如尚書胡世寧、李承勛者，往代其任，事必有濟。如臣之迂疎多病，誠宜哀其不逮，病痊，或可量置閒散，使得自效其愚，則朝廷於任賢御將之體，因物曲成之仁，道並行而不相悖矣。」疏入，詔「鏌已致仕」，遣使敦促上道。

九月壬午，發越城。

德洪、王畿問學于天泉橋。是月初八日，德洪與畿訪張元冲舟中，因論爲學宗旨。畿曰：「先生説知善知惡是良知，爲善去惡是格物，此恐未是究竟話頭。」德洪曰：「何如？」畿曰：「心體既是無善無惡，意亦是無善無惡，知亦是無善無惡，物亦是無善無惡。若説意有善有惡，畢竟心亦未是無善無惡。」德洪曰：「心體原來無善無惡，今驗與物應感，見有善惡在。爲善去惡，正是復那本體功夫。若見得本體如此，更無功夫可用矣。」畿曰：「明日先生啓行，晚可同進請問。」是日，賀客夜分始散，先生將入内，聞洪與畿候立庭下，先生復出，使移席天泉橋上。德洪舉與畿論辯。先生喜曰：「正要二君有此一問。我今將行，朋友中更無有論證及此者。二君之見，正好相取，不可相病。汝中須用德洪功夫，德洪須透汝中本體，二君相取爲益，吾學更無遺念矣。」德洪請問。先生曰：「有只是你自有，良知本體，原來無有，本體即是太虚。太虚之中，日月星辰，風雨露雷，陰霾曀氣，何物不有，而又何一物得爲太虚之障？人心本體，亦復如是。太虚無形，一過而化，亦何費纖毫氣力？德洪功夫，須要如此，便是合得本體功夫。」畿請問。先生曰：「汝中見得此意，只好默默自修，不可執以接人。上根之人，世亦難遇。一悟本體，即見功夫，物我内外，一齊盡透，此顔子、明道不敢承當，豈可輕易望人？二君已後與學者言，務要依我四句宗旨：無善無惡是心之體，有善有惡是意之動，知善知惡是良知，爲善去惡是格物。以此自修，直躋聖位；以此接人，更無差失。」畿曰：「本體透後，於此四句宗旨何如？」先生曰：「此是徹上徹下語，自初學以至聖人，只此一箇功夫。初學用此，循循有入，雖至聖人，窮究無盡。堯、舜精一功夫，亦只如此用。」先生言止，又重囑付曰：「二君以後再不要更我四句宗旨，此四句宗旨，中人上下，無不接着。我年來立教，亦更過幾番，今較來較去，始立此四句。人心自有知識，已爲習俗所染，今不教他在良知上實用爲善去惡功夫，只去懸空想箇本體，一切事爲俱不着實，只養成一箇虚寂。此箇病痛不是小小，不可不早説破。」是日，德洪、畿俱有省。

甲申，渡錢塘。

先生遊吴山、月巖、嚴灘，俱有詩。過釣臺曰：「憶昔過釣臺，驅馳正軍旅。十年今始來，復以兵戈起。空山煙霧深，往迹如夢裏。微雨林徑滑，肺病雙足胝。仰瞻臺上雲，俯濯臺下水。人生何碌碌，高尚乃如此。瘡痍念同胞，至人匪爲己。過門不遑入，憂勞豈得已。滔滔良自傷，果哉末難矣。」跋曰：「右正德己卯，獻俘行在，過釣臺而弗及登。今茲復來，又以兵革之役，兼肺病足瘡，徒顧瞻悵望而已。書此，付桐廬尹沈元材刻置亭壁，聊以紀經行歲月云耳。嘉靖丁亥九月廿二日書。時從行進士錢德洪、王汝中、建德尹楊思臣及元材，凡四人。」

丙申，至衢。

西安雨中諸生出候因寄德洪汝中并示書院諸生：「幾度西安道，江聲暮雨時。機關鷗鳥破，蹤跡水雲疑。仗鉞非吾事，傳經媿爾師。天真泉石秀，新有鹿門期。」德洪汝中方卜築書院盛稱天真之奇并寄及之：「不踏天真路，依稀二十年。石門深竹徑，蒼峽瀉雲泉。泮壁環胥海，龜疇見宋田。文明原有象，卜築豈無緣。」今祠有仰止祠、環海樓、太極、雲泉、瀉雲諸亭。

戊戌，過常山。

詩曰：「長生徒有慕，苦乏大藥資。名山遍探歷，悠悠鬢生絲。微軀一繫念，去道日遠而。中歲忽有覺，九還乃在兹。非爐亦非鼎，何坎復何離。本無終始究，寧有死生期？彼哉遊方士，詭辭反增疑。紛然諸老翁，自傳困多岐[一]。乾坤由我在，安用他求爲。千聖皆過影，良知乃吾師。」

十月，至南昌。

先生發舟廣信，沿途諸生徐樾、張士賢、桂軏等請見。先生俱謝以兵事未暇，許回途相見。徐樾自貴溪追至餘干，先生令登舟。樾方自白鹿洞打坐，有禪定意，先生目而得之，令舉似。曰：「不是。」已而稍變前語，又曰：「不是。」已而更端，先生曰：「近之矣。此體豈有方所？譬之此燭，光無不在，不可以燭上爲光。」因指舟中曰：「此亦是光，此亦是光。」直指出舟外水面曰：「此亦是光。」樾領謝言，有悟而别。明日至南浦，

[一]自傳困多岐　「傳」，毛本作「縛」。

父老軍民俱頂香林立，填途塞巷，至不能行，父老頂輿傳遞入都司。先生命父老軍民就謁，東入西出，有不舍者，出且復入，自辰時至未而散，始舉有司常儀。明日謁文廟，講大學於明倫堂，諸生屏擁，多不得聞。唐堯臣獻茶，得上堂旁聽。初，堯臣不信學，聞先生至，自鄉出迎，已内動。比見擁謁，驚曰：「三代後安得有此氣象耶？」及聞講，沛然無疑。同門有黄文明、魏良器輩笑曰：「逋逃主亦來投降乎？」堯臣曰：「須得如此大捕人，方能降我，爾輩安知？」

至吉安，大會士友螺川。

諸生彭簪、王釗[一]、劉陽、歐陽瑜、劉瓊治等，偕舊遊三百餘，迎入螺川驛中。先生立談不倦，曰：「堯、舜生知安行的聖人，猶兢兢業業，用困勉的工夫。吾儕以困勉的資質，而悠悠蕩蕩，坐享生知安行的成功，豈不誤己誤人！」又曰：「良知之妙，真是周流六虚，變動不居。若假以文過飾非，爲害大矣。」臨别囑曰：「工夫只是簡易真切。

[一] 王釗　毛本、全書本作「王剑」。

愈真切，愈簡易；愈簡易，愈真切。」

十一月，至肇慶。

是月十八日，抵肇慶。先生寄書德洪、畿曰：「家事賴廷豹糾正，而德洪、汝中又相與薫陶切劘於其間，吾可以無内顧矣。紹興書院中同志，不審近來意向如何？德洪、汝中既任其責，當能振作接引，有所興起。會講之約，但得不廢，其間縱有一二懈弛，亦可因此夾持，不致遂有傾倒。餘姚又得應元諸友作興鼓舞，想益日異而月不同。老夫雖出山林，亦每以自慰。諸賢皆一日千里之足，豈俟區區有所警策，聊亦以此示鞭影耳。即日已抵肇慶，去梧不三四日可到。方入冗場，紹興書院及餘姚各會同志諸賢，不能一一列名字，千萬心亮。」

乙未，至梧州，上謝恩疏。

二十日，開府。十二月朔，上疏曰：「田州之事，尚未及會議審處，然臣沿途諮訪，頗有所聞，不敢不爲陛下言其略。臣惟岑猛父子，固有可誅之罪，然所以致彼若是者，則前此當事諸人，亦宜分受其責。蓋兩廣軍門，專爲諸瑶獞及諸流賊而設，事權實專且重。若使振其兵威，自足以制服諸蠻。夫何軍政日壞，上無可任之將，下無可用之兵。有警必須倚調土官狼兵，若猛之屬者而後行事，故此輩得以憑恃兵力，日增桀驁。及事之平，則又功歸于上，而彼無所與，固不能以無怨憤。始而徵發愆期，既而調遣不至，上嫉下憤，日深月積，劫之以勢而威益褻，籠之以詐而術愈窮。由是諭之而益梗，撫之而益疑，遂至於有今日，加之以叛逆之罪而欲征之。夫即其已暴之惡，征之誠亦非過，然所以致彼若是，已非一朝一夕之故，且當反思其咎。姑務自責自勵，修我軍政，布我威德，撫我人民，使内治外攘而我有餘力，則近悦遠懷而彼將自服。顧不復自反，而一意憤怒之。夫所可憤怒者，不過岑猛父子及其黨惡數人而已，自餘萬衆，固皆無罪之人也。岑猛父子及其黨惡數人，既云誅戮，已足暴揚。所遺二酋之憤，遂不顧萬餘之命，兵連禍結，然而二酋之憤，至今尚未能雪也。今山瑶海賊，乘釁摇動，窮迫必死之寇，既從而煽誘之；貧苦流亡之民，又從而逃歸之。其可憂危，何啻十百於二酋者之爲患。其事已兆而變已形，顧猶不此之慮，而汲汲於二酋，則當事者之過計矣。夫二酋之沮兵拒險，亦不過畏罪逃死，苟爲自全之計。非如四方流賊，攻城掠地，虜財殺人，日爲百姓之患，人人欲得而誅之者。今驅困憊之民，使裹糧荷戈，以征不爲民患，素無讐怨之虜，此人心之所以不奮，事之所以難濟也。又今狼達土漢官兵[一]，亦不下數萬，與萬餘畏罪逋誅之虜相持，已三月有餘，而未能一决者，蓋以我兵發機太早，而四面防守太密。是乃投之無所往，而示之以必不活，徒使彼先慮預備，并心協力，堅其必死之志以抗我師。就使我師將勇卒奮，决能取勝，亦必多喪士馬，非全軍之道。又况人無戰志，而徒欲合圍待斃，坐收成功。此我兵之所以雖衆而勢日以懈，賊雖寡而志日以合，備日密而氣日以鋭者也。夫當事者之意，固無非欲計出萬全，然以用兵而言，亦以失之巧遲，所謂强弩之末，不能穿魯縞矣。臣愚以爲且宜釋此二酋者之罪，開其自新之路，而彼猶頑梗自如，然後從而殺之，我亦可以無憾。苟可曲全，則且姑務息兵罷餉，以休養瘡痍之民，以絶覬覦之姦，以弭不測之變。迨於區處既定，德威既洽，蠻夷悦服，此二酋者遂能改惡自新，則我亦豈必固求其罪？若不知悛，執而殺之，不過一獄吏事，何至煩兵？或者以爲征之不克而

[一] 又今狼達土漢官兵　「漢」，底本訛作「漠」，據全書卷十四赴任謝恩遂陳膚見疏改。

遽釋之，則紀綱疑於不振，臣竊以爲不然。夫天子於天下之民物，如天覆地載，無不欲愛養而生全之。寧有撮爾小醜，乃與之爭憤求勝，而謂之振紀綱者？惟後世貪暴諸侯，强凌弱，衆吞寡，則必務於求勝而後已。斯固五霸之罪人也。昔苗頑不即工，舜使禹、益徂征，三旬，苗民逆命，禹乃班師振旅。夫以三聖人者爲之君師，以征一頑苗，謂宜終朝而克捷，顧歷三旬，而復從班師。自今言之，其紀綱不振甚矣。然終致有苗之格而萬世稱聖，古之所謂振紀綱者，固若是爾。臣又聞兩廣主計之吏，謂自用兵以來，所費銀米已各不下數十萬，所存無幾，尚可用兵不息，而不思所以善其後乎？臣又聞諸兩廣士民之言，皆謂流官久設，亦徒有虚名而受實禍。詰其所以，皆云未設流官之前，土人歲出土兵三千，以聽官府之調遣；既設流官之後，官府歲發民兵數千，以防土人之反覆。即此一事，利害可知。且思恩自設流官，十八九年之間，反者數起，征剿曾無休息。朝廷曾不得其分寸之益，而反爲之憂勞征發，浚良民之膏血，而塗諸無用之地。此流官之無益，亦斷可識矣。論者以爲既設流官而復去之，則有更改之嫌，恐招物議。是以寧使一方之民久罹塗炭，而不敢明爲朝廷一言，寧負朝廷，而不敢犯衆議。甚哉！人臣之不忠也。苟利於國而庇於民，死且爲之，而何物議之足計乎？臣始至，雖未能周知備歷，然形勢亦可槩見矣。田州切近交阯，其間深山絶谷，瑶僮盤據，動以千百，必須存土官，藉其兵力，以爲中土屏蔽。若盡殺其人，改土爲流，則邊鄙之患，我自當之。自撤藩籬，後必有悔。」奏下，尚書王時中持之。得旨：「守仁才略素優，所議必自有見。事難遥度，俟其會議熟處，要須情法得中，經久無患。事有宜亟行者，聽其便宜，勿懷顧忌，以貽後患。」〇按文録，初，總督命下，具疏辭免，及豫言處分思、田機宜。凡當路相知者，皆寓書致意。與楊少師曰：「惟大臣報國之忠，莫大於進賢去讒。自信山林之志已堅，而又素受知己之愛，不復嫌避，故輒言之，乃今適爲己地也。某本書生，不諳軍旅，往歲江西之役，實倖偶成。憂病之餘，惟與鄉里子弟考訂句讀，使知向方。庶於保身及物，冀有少補，勿枉此生。聖天子方用賢圖治，明公薦賢爲國，苟有寸長，不以時出，則亦無其所矣。昔有以邊警薦用彭司馬者，公獨不可，曰：『彭始成功，今或少挫，非所以完之矣。』公之愛惜人才，而欲成全之也如此，獨不能以此意推之某乎？果不忍終棄，病痊，或使得備散局，如南北太常、國子之任，則圖報當有日也。」與黄綰書曰：「往年江西赴義將士，功久未上，人無所勸，再出，何面目見之。且東南小醜，特瘡疥之疾，百辟讒嫉朋比，此則腹心之禍，大爲可憂者。諸公任事之勇，不思何以善後。大都君子道長，小人道消，疾病既除，元氣自復。但去病太亟，亦耗元氣，藥石固當以漸也。」又曰：「思、田之事，本無緊要，只爲從前張皇太過，後難收拾，所謂生事事生是已。今必得如奏中所請，庶圖久安，否則反覆未可知也。」與方獻夫書曰：「聖主聰明不世出，諸公既受不世之知，安可不思圖報。今日所急，惟在培養君德，端其志向。於此有立，政不足間，人不足適，是謂一正君而國定。然非真有體國之誠，其心斷斷休休者，亦徒事其名而已矣。」又曰：「諸公皆有薦賢之疏，此誠君子立朝盛節，但與名其間，却有所未喻者。此天下治亂盛衰所繫，君子小人進退存亡之機，不可以不慎也。譬諸養蠶，但雜一爛蠶其中，則一筐好蠶盡爲所壞矣。凡薦賢于朝，與自己用人不同，自己用人，權度在我，若薦賢于朝，則評品宜定。小人之才，豈無可用？如砒硫芒硝，皆有攻毒破癰之功，但混於參苓耆术之間而進之，養生之人用之不精，鮮不誤矣。」又曰：「思、田之事已壞，欲以無事處之，要已不能，只求減省一分，則地方亦可減省一分之勞擾耳。

此議深知大拂喜事者之心，然欲殺數千無罪之人，以求成一將之功，仁者之所不忍也。」

十二月，命暫兼理巡撫兩廣。疏辭，不允。

七年戊子，先生五十七歲。二月，思、田平。

先生疏言：「臣奉有成命，與巡按紀功御史石金、布政使林富等，副使祝品、林大輅等，參將李璋、沈希儀等，會議思、田之役，兵連禍結，兩省荼毒，已踰二年。兵力盡於哨守，民脂竭於轉輸，官吏罷於奔走。今日之事，已如破壞之舟，漂泊於顛風巨浪，覆溺之患，洶洶在目，不待知者而知之矣。今若必欲窮兵雪憤，未論其不克，縱復克之，亦有十患。何者？皇上方以孝治天下，仁覆海宇，惟恐一物不得其所，雖一夫之獄，猶慮有冤，親臨斷決。況茲數萬無辜之赤子，而必欲窮搜極討，使無噍類，傷伐天地之和，虧損好生之德，其患一也。屯兵十萬，日費千金。自始事以來，所費銀米，各已數十餘萬，未嘗與賊交一矢。今若復欲進兵，以近計之，亦須數月，省約其費，亦須銀米各十萬餘。計今梧州倉庫所餘，銀不滿五萬，米不滿一萬，財匱糧絶，其患二也。調集之兵，遠近數萬，屯戍日久，人懷歸思。兼之水土不服，疫癘時行，潰散逃亡，捕斬不禁。其未見敵而已若此，今復驅之鋒鏑之下，必有土崩之勢，其患三也。用兵以來，兩廣之民，男不得耕，女不得織，已餘二年。衣食之道日窮，老稚轉乎溝壑。今春若復進兵，又將廢耕，飢寒切身，群起爲盜，不逞之徒，因而號召之，其禍殆有甚於思、田之亂者，其患四也。論者以爲不誅二酋，爲無以威服土官，是殆不然。今所賴以誅二酋者，乃皆土官之兵，而在我曾無一旅可恃。又不能宣威布德，明示賞罰，而徒以市井狙獪之謀，相欺相誘，計窮詐見，益爲輕侮。每一調發，旗牌之官十餘往反，而彼猶驁然不出，反挾肆貪求，縱其吞噬。我方有賴於彼，縱之不問，彼亦知我之不能彼禁也，益狂無所忌[一]。岑猛之僭妄，亦由積漸成之。是欲誅一二逃死之遺孽，而養成十數岑猛，其患五也。兩廣盜賊、瑤僮之巢穴，動以數千百計。軍衞有司、營堡關隘之兵，時常召募增補，然且不敷。今復盡聚之思、田之一隅，山瑤海寇，乘間竊發，遂至無可捍禦。今若復聞進兵，彼知事未易息，爲患愈肆。我兵勢難中輟，救之不能，棄之不可，其爲慘毒可憂，猶有甚于飢寒之民，其患六也。軍旅

[一] 益狂無所忌　「益」，底本訛作「蓋」，據全書卷十四奏報田州思恩平復疏改。

一動，運夫征馬，各以千計。一夫顧直一兩，一馬四兩，馬之死者，則又追償其直，是皆取辦於南寧諸屬縣。百姓連年兵疫，困苦已極，而復重之以此，其不亡而爲盜者，則亦溝中之瘠矣，其患七也。兩廣土官於岑猛之滅，各懷唇齒之疑；各州土目於蘇、受之討，皆有狐兔之憾。是以遲疑觀望，莫肯效力。所恃者獨湖兵，然前歲之役，湖兵死者過半，其間固多借倩而來[一]。兵回之日，死者之家，例有償命銀，總其所費，亦以萬數。今茲復調，跲頓道途，不得顧其家室，亦已三年，勞苦怨鬱，逃者相望，誅之不能止。因一隅之小憤，而重失三省土人之心，其間伏憂隱禍，殆難盡言，其患八也。田州外捍交阯，内屏列郡，中間深山絶谷，又皆瑶僮盤據。若必盡誅其人，異時雖欲改土設流，亦已無民可守。非獨自撤藩籬，勢有不可，抑且藉膏腴之田以資瑶僮，而爲邊夷擴土開疆，其患九也。既以兵克，必以兵守，歲歲調發，勞費無已。秦時勝、廣之亂，實興於閭左之戍。且一失制馭，亂變隨生，反覆相尋，禍將焉極，其患十也。故爲今之計，莫善於罷兵而行撫。撫之有十善：活數萬無辜之死命，以明昭皇上好生之仁，同符堯、舜有苗

[一] 其間固多借倩而來　「倩」，底本訛作「債」，據全書卷十四奏報田州思恩平復疏改。

之征，使遠夷荒服，無不感恩懷德。培國家之元氣，以貽燕翼之謀，其善一也。息財省費，得節贏餘，以備他虞，百姓無椎脂刻髓之苦[一]，其善二也。久戍之兵，得遂其思歸之願，而免於疾病死亡，脱鋒鏑之慘，無土崩瓦解之患，其善三也。又得及時農作，雖在困窮之餘，然皆獲顧其家室，亦各漸有回生之望，不致轉徙自棄而爲盜，其善四也。罷散土兵，歸守境土，使知朝廷自有神武不殺之威，而無所恃賴於彼，陰消其桀驁之氣，而沮懾其僭妄之心，反側之姦自息，其善五也。遠近之兵，各歸舊守，窮邊沿海，得修備禦，盜賊歛戢，家室相保，無虛内事外，顧此失彼之患，其善六也。息饋運，省夫馬，貧民解於倒懸，其善七也。士民釋狐兔之憾，土官無脣齒之危，湖兵遂全歸之願，莫不安心定志，慕德感化，其善八也。思、田遺黎，得歸舊土，因其土俗，仍置酋長，人自爲守，内制瑶、僮，外防邊夷，中土得以安枕無事，其善九也。土民心服，無事戍守，官省調發，民無騷屑，商旅通行，德威覃被，其善十也。夫進兵行剿之患既如彼，罷兵行撫之善復如此，然而當事猶往往利於進兵者，其間又有二幸四毁焉：下之人幸有數級之獲，以要將來之

[一] 椎脂刻髓　「椎」，底本訛作「推」，據全書卷十四奏報田州思恩平復疏改。

賞；上之人幸成一時之捷，以蓋前日之愆，是謂二幸。始謀請兵而終鮮成效，則有輕舉妄動之毁；頓兵竭餉而得不償失，則有浪費之毁；聚數萬之衆而無一戰之克，則有退縮畏避之毁；循土夷之情而拂士夫之議，則有形迹嫌疑之毁，是謂四毁。二幸蔽於其中，而四毁惕於其外，是以寧犯十患而不顧，棄十善而不爲。夫人臣之事君也，殺其身而有利於國，皆甘心焉。豈以僥倖之私，毁譽之末，而足以撓亂其志哉！今日撫勦，利害較然，事在必行，於是衆皆以爲然。臣至南寧，乃下令盡撤調集防守之兵，數日之内，解散而歸者數萬。惟湖兵數千，道沮且遠，不易即歸，仍使分留賓、寧，解甲休養，待間而發。初，蘇、受等聞臣奉命處勘，始知朝廷無必殺之意，皆有投生之念，日夜懸望，惟恐臣至之不速。已而聞太監、總兵相繼召還，至是又見守兵盡撤，其投生之念益堅。乃遣其頭目黄富等，先赴軍門訴告，願得掃境投生，惟乞宥免一死。臣等諭以朝廷之意，正恐爾等有所虧枉，故特遣大臣處勘，開爾等更生之路。爾等果能誠心投順，决當貸爾之死。因復露布朝廷威德，使各持歸省諭，克期聽降。蘇、受等聞命，皆羅拜踴躍，歡聲雷動，率衆掃境，歸命南寧城下，分屯四營。蘇、受等囚首自縛，與其頭目數百人，赴軍門請命。臣等諭以朝廷既赦爾等之罪，豈復虧失信義。但爾等擁衆負固，雖由畏死，然騷動一方，上煩九重之慮，下疲三省之民，若不示罰，何以泄軍民之憤？於是下蘇、受於軍門，各杖之一百。乃解其縛，諭以今日宥爾一死者，朝廷天地好生之仁；必杖爾示罰者，我等人臣執法之義。於是衆皆叩首悦服。臣亦隨至其營，撫定其衆，凡七萬一千。濈濈道路，踴躍懽聞，皆謂朝廷如此再生之恩，我等誓以死報，且乞即願殺賊立功贖罪。臣因諭以朝廷之意，惟欲生全爾等，今爾等方來投生，豈忍又驅之兵刃之下。爾等逃竄日久，且宜速歸，完爾家室，修復生理。至于諸路群盜，軍門自有區處，徐當調發爾等。於是又皆感泣歡呼，皆謂朝廷如此再生之恩，我等誓以死報。臣於是遂委布政使林富、前副總張祐〔一〕，督令復業，方隅平定。是皆皇上至孝達順之德，感格上下；神武不殺之威，震懾鬼神。風行於廟堂之上，而草偃於百蠻之表。是以班師不待七旬，而頑夷即爾來格，不折一矢，不戮一卒，而全活數萬生靈，是所謂綏之斯來，動之斯和者也。」疏入，制曰：「王守仁受命提督軍務，蒞事未久，乃能開誠宣恩，處置得宜，致令叛夷畏服，率衆歸降，

〔一〕前副總張祐　毛本「總」下有「兵」字，下文倣此。

罷兵息民，其功可嘉。寫勅遣行人獎勵，賞銀五十兩，紵絲四襲，所司備辦羊酒。張賜、石金各賞銀二十兩，紵絲二襲。自餘各給賞有差，事竣并論功賞。」先生爲文勒之石曰：「嘉靖丙戌夏，官兵伐田，隨與思恩之人相比復煽，集軍四省，洶洶連年。于時皇帝憂憫元元：容有無辜而死者乎？廼命新建伯王守仁：曷往視師，其以德綏，勿以兵虔。班師撤旅，信義大宣。諸夷感慕，旬日之間，自縛來歸者，七萬一千。悉放之還農，兩省以安。昔有苗徂征，七旬來格，今未期月而蠻夷率服，綏之斯來，速于郵傳，舞干之化，何以加焉。爰告思、田，毋忘帝德。爰勒山石，昭此赫赫。文武聖神，率土之濱，凡有血氣，莫不尊親。」

四月，議遷都臺于田州，不果。

先是有制：「王守仁暫令兼理巡撫兩廣。」既受命，先生乃疏言：「臣以迂踈多病之軀，謬承總制四省軍務之命，方懷不勝其任之憂，今又加以巡撫之責，豈其所能堪乎？且兩廣之事，實重且難，巡撫之任，非得才力精強者，重其事權，漸其官階，而久其職任，殆未可求效於歲月之間也。前此當事諸人，雖才能相繼而治效未究者，職此之故也。致仕副都御史伍文定，往歲寧藩之變，常從臣起兵，具見經略。侍郎梁材，南贛副都御史汪鋐，亦皆才能素著，足堪此任。願選擇而使之。」會侍郎方獻夫建白：「宜於田州特設都御史一人，撫綏諸夷。」下議，先生復疏言布政使林富可用：「或量改憲職，仍聽臣等節制，暫於思、田住劄，撫綏其衆。然而要之蠻夷之區，不可治以漢法。雖流官之設，尚且弗便，而又可益之以都臺乎？今且暫設，凡一切廩餼輿馬，悉取辦于南寧府衛，取給于軍餉，不以干思、田之人。俟年餘經略有次，思、田止責知府理治，或設兵備憲臣一人于賓州，或以南寧兵備兼理。如此，則目前既得輯寧之效，而日後又可免煩勞之擾矣。」又以柳、慶缺參將，特薦用沈希儀，且請起用前副總張祐，俾與富協心共事，事竣別用。未幾，陞富副都御史，撫治鄖陽以去。先生再薦布政使王大用、按察使周期雍，皆才可大用：「昔年寧藩之變，四方援兵，無一人至者。惟大用以韶、雄兵備，期雍以汀、漳兵備，各率兵赴義，其不負國家可知矣。」又以邊方缺官，薦才贊理，奏請起廢，具言副使陳槐、施儒、楊必進、知府朱袞，皆堪右江兵備之任，知州林寬可爲田州知府，推官李喬木可爲同知。且言：「任賢圖治，得人實難，其在邊方反覆多事之地，其難尤甚。蓋非得忠實勇果、通達坦易之才，未易以定其亂。有其才矣，使不諳其土俗，則亦未易以得其本心。得其心矣，使不耐其水土，亦不能以久居其地以成其功。故用人於邊方，必兼是三者而後可。如前四人者，固皆可用之才。今乃皆爲時例所拘，棄置不用，而更勞心遠索，則亦過矣。臣今求才於邊方而不可必得，不得已，就其見在而使之，而卒無可器使者，亦何怪乎斯土之民日入于亂[一]，而禍日以深也哉！是故相沿積習之弊，不及今一洗而改革之，邊患未見其能有瘳也。夫今之考察去者，固多不才之人矣。其間乃有雖無過人之才，而亦無顯著之惡，尚在可用、不可用之間者，皆未暇論。至其平生磊落自負，卓然思有所建立，而其學識才能，果足以有爲者，乃爲一時愛憎毁譽之所亂，亦遂忞然就抑而去。斯固天下之所共爲不平，公論彌彰者，孰得而終掩之？陛下合而考之，若一人舉之而九人不舉，未可也；三人舉之而七人不舉，已在所察矣；五人舉之而五人不舉，其察又宜詳矣；或七人八人舉之而一二人不舉，則其人之可用，亦斷在不疑者矣。

[一] 亦何怪乎斯土之民 「土」，底本訛作「上」，據毛本改。

若此者，亦在朝覲二次三次之後，或七年或十年而後一舉。夫身退十年之後，則是非已明，公論已定，雖有黨比，自不能容。今邊方絶域無可用之人，至取其庸劣陋下者而使之，以滋益地方之苦弊，其豪傑可用之才，乃爲時例所拘，棄置而不用。夫所謂時例者，固朝廷爲之也。可拘而拘，不可拘而不拘，無不可者。陛下何忍一方之禍患日深月積，乃惜破例而用一人以救之乎？夫考察而去者，果皆貪惡庸陋之徒，則固營營苟苟，無時而不僥倖以求進。若磊磊落自負，有過人之見者，則雖屈抑而退，自放於山林田野之間，亦足以自樂。今若用之於邊夷困弊之地，殆亦未必其所欲。但爲朝廷愛惜人才，則當此宵旰側席，遑遑求賢之日，而使有用之才廢棄終身，乃不得已，至取其庸劣陋下者而用之以益民困，豈不大可惜乎？」疏上，俱未果行。

興思、田學校。

先生以田州新服，用夏變夷，宜有學校。但瘡痍逃竄，尚無受廛之民，即欲建學，亦爲徒勞，然風化之原，又不可緩也。乃案行提學道，着属儒學，但有生員，無拘廪增，願改田州府學，及各處儒生願附籍入學者，本道選委教官，暫領學事。相與講肄游息，興起孝弟，或倡行鄉約，隨事開引，漸爲之兆。俟建有學校，然後將各生徒通發該學肄業，照例充補增廩起貢。

五月，撫新民。

據左江道參議等官汪必東等呈稱：「古陶、白竹、石馬等賊，近雖誅剿，然尚有流出府江諸處者，誠恐日後爲患。乞調歸順土官岑瓛兵一千名，萬承、龍英共五百名，或韋貴兵一千名，往劄平南、桂平衝要地方。」及該府知府程雲鵬等，亦申量留湖兵，及調武靖州狼兵防守等因。「始觀論議，似亦區畫經久之圖；徐考成功，終亦支吾目前之計。蓋用兵之法，伐謀爲先；處夷之道，攻心爲上。今各瑶征剿之後，有司即宜誠心撫恤，以安其心。若不服其心，而徒欲久留湖兵，多調狼卒，憑藉兵力，以威劫把持〔一〕，謂爲可久之計，則亦末矣。殊不知遠來客兵，怨憤不肯爲用，一也。供饋之需，稍不滿意，

〔一〕威劫把持 「劫」，底本訛作「刧」，據毛本、全書本改。

求索訾詈，將無柢極，二也。就居民間，騷擾濁亂，易生釁隙，三也。困頓日久，資財耗竭，適以自弊，四也。欲借此以衛民，而反爲民增一苦；欲借此以防賊，而反爲吾招一寇。各官之意，豈不虞各賊乘間突出，故欲振揚兵威，以苟幸目前之無事，抑亦不睹其害矣。前歲湖兵之調，既已大拂其情，乃今復欲留之，其可行乎？夫刑賞之用當，而後善有所勸，惡有所懲，勸懲之道明，而後政得其安。今稔惡各瑶舉兵征勦，刑既加於有罪矣。然破敗奔竄之餘，即欲招撫，彼亦未必能信。必須先從其傍良善各巢加厚撫恤，使爲善者益知所勸，而不肯與之相連相比，則黨惡自孤而其勢自定。使良善各巢傳道引諭，使各賊咸有回心向化之機，然後吾之招撫可得而行，而凡綏懷御制之道，可以次而舉矣。夫柔遠人而撫戎狄，謂之柔與撫者，豈專恃兵甲之盛，威力之强而已乎？古之人能以天地萬物爲一體，故能通天下之志。凡舉大事，必順其情而使之，因其勢而導之，乘其機而動之，及其時而興之，是以爲之但見其易，而成之不見其難。此天下之民所以陰受其庇，而莫知其功之所自也。今皆反之，豈所見若是其相遠乎？亦由無忠誠惻怛之心以愛其民，不肯身任地方利害，爲久遠之圖。凡所施爲，不本於精神心術，而惟事補輳掇拾，支吾粉飾於其外，以苟幸吾身之無事。此蓋今時之通弊也。合就通行計處，仰抄案回道，即行知府程雲鵬，公同指揮周徧宗，及各縣知縣等官，親至已破賊巢各鄰近良善村寨，以次加厚撫恤，給以告示，犒以魚鹽，待以誠信，敷以德恩。諭以朝廷所以誅剿各賊者，爲其稔惡不悛，若爾等良善守分村寨，我官府何嘗輕動爾等一草一木。爾等各宜益堅向善之心，毋爲彼所扇惑摇動。從而爲之推選衆所信服立爲酋長，以連屬之，優其禮待，厚其犒賞，以漸綏來調〔一〕，使之日益親附。又諭以稔惡各賊，彼若不改，一征不已至於再，再征不已至於三，至於四五，至於六七，必使滅絶而後已。此後官府若行剿除，爾等但要安心樂業，無有驚疑。若各賊果能改惡遷善，實心向化，今日來投，今日即待以良善，即開其自新之路，决不追既往之惡。爾等即可以此意傳告開諭之，我官府亦未嘗有必欲殺彼之心。若彼賊果有相引來投者，亦就實心撫安招來之，量給鹽米，爲之經紀生業，亦就爲之選立酋長，使有統率，毋令涣散。一面清查侵占田土，開立里甲，以息日後之爭。禁約良民，毋使乘機報復，以激其變。如農夫之植嘉禾以去莨莠，深耕易耨，

〔一〕以漸綏來調　毛本以及全書卷十八綏柔流賊「調」下有「習」字。

芸菑灌溉，專心一事，勤誠無惰，必有秋獲。夫善者益知所勸，則助惡者日衰；惡者益知所懲，則向善者益衆。此撫柔之道，而非專有恃於兵甲者也。至于本院近行十家牌諭，誠亦弭盜安民之良法，而今之有司，槩以虚文抵塞，莫肯實心推求舉行。雖已造册繳報，而尚不知其間所屬何意。所處地方該道，仍要用心督責整理。誠使此法一行，則不待調發而處處皆兵，不待屯聚而家家皆兵，不待蓄養而人人皆兵。無餽運之勞而糧餉足，無關隘之設而守禦固。習之愈久而法愈精，行之彌廣而功彌大。其前項區處摘調之兵，有虚名而無實用，可張皇于暫時，而不可施行于永久者，勞逸煩簡，相去遠矣。惟有該府議欲散撤顧倩機快等項，調取武靖州土兵，使之就近防守一節，區畫頗當。然以三千之衆，而常在一處屯頓坐食，亦未得宜。必須分作六班，每五百名爲一班，每兩箇月日而更一次。若有鵰剿等項，然後通行起調。然必須于城市别立營房，毋使與民雜處，然後可免于騷擾嫌隙。蓋以十家牌門之兵而爲守土安民之本，以武靖起調之兵而備追捕剿截之用。此亦經權交濟相須之意，合就准行。仰該道仍將行糧等項再議停當，備行該州土目人等遵照奉行。自今以後，免其秋調各處哨守等役，專在潯州地方，聽憑守備參將調用。凡遇緊急調取，即要星馳赴信地，不得遲違時刻。守巡各官，仍要時加戒諭撫輯，毋令日久玩弛，又成虛應故事。本院踈才多病，精力不足，不能躬親細務。獨其憂患地方，欲爲建立久安長治一念，真切自不能已，是以不覺其言之叨叨。各官務體此意，毋厭其多言，而必務爲紬繹；毋謂其迂遠，而必再與精思。務竭其忠誠，務行其切實，同心協德，共濟時艱。通行總鎮、總兵、鎮巡等衙門知會。仍行三司、各道守巡、守備等官，事有相類者，悉以此意推而行之。發去魚鹽，或有不足，再行計處定奪。」

六月，興南寧學校。

先生謂理學不明，人心陷溺，是以士習日偷，風教不振。日與各學师生朝夕開講，已覺漸有奮發之志。又恐窮鄉僻邑，不能身至其地，仍委原任監察御史降合浦縣丞陳逅主靈山諸縣教，又委原任監察御史降揭陽縣主簿季本主敷文書院教。仍行牌諭曰：「仰本官每日拘集該府縣學諸生，爲之勤勤開誨，務在興起聖賢之學，一洗習染之陋。其諸生該赴考試者，臨期起送。不該赴試者，如常朝夕聚會。考德問業之外，或時出與經書論策題目，量作課程，就與講析文義，以無妨其舉業之功。大抵學絶道喪之餘，未易解脱舊聞舊見，必須包蒙俯就，涵育薰陶，庶可望其漸次改化。諒本官平素最能孜孜汲引，則今日必能循循善誘。諸生之中，有不率教者，時行榎楚，以警其惰。本院回軍之日，將該府縣官員師生，查訪勤惰，以示勸懲。」又牌諭曰：「照得『安上治民，莫善於禮』。冠婚喪祭，固宜家喻而户曉者，今皆廢而不講，欲求風俗之美，其可得乎？况兹邊方遠郡，土夷錯雜，頑梗成風，有司徒事刑驅勢迫，是謂以火濟火，何益於治？若教之以禮，庶幾所謂小人學道則易使矣。近據福建莆田儒學生員陳大章，前來南寧遊學，進見之時，每言及禮，因而扣以冠婚鄉射諸儀，果亦頗能通曉。看得近來各學諸生，類多束書高閣，飽食嬉遊，散漫度日。豈若使與此生朝夕講習於儀文節度之間，亦足以收其放心，固其肌膚之會，筋骸之束，不猶愈於博奕之爲賢乎？爲此牌仰南寧府官吏，即便館穀陳生於學舍[一]。於各學諸生之中，選取有志習禮，及年少質美者，相與講解演習。自此諸生得於觀感興起，砥礪切磋，修之於其家，而被於里巷，達於鄉村，則邊徼之地，自此遂

[一] 即便館穀陳生於學舍　「穀」，底本訛作「轂」，據毛本改。

化爲鄒魯之鄉，亦不難矣。諸生講習已有成效，該府仍要從厚措置禮幣，以申酬謝。仍備由差人，送至廣西提督學校官，以次送發各府州縣，一體演習。其於風教，要亦不爲無補。」

陽明先生年譜卷之七

門人餘姚錢德洪 編述
山陰王畿 補輯
後學吉水羅洪先 删正
滁上胡松
江陵陳大賓
揭陽黄國卿 校正
漳浦王健 校刻

七月，師襲八寨、斷藤峽，破之。

八寨、斷藤峽諸蠻賊，有衆數萬，負固稔惡。南通交阯諸夷，西接雲、貴諸蠻，東北與牛腸、仙臺、花相、風門、佛子及柳、慶、府江、古田諸瑶迴旋連絡[一]，延袤周遭二千餘

[一] 古田 底本訛作「右田」，據毛本、全書本改。

里[一]，流劫出没，爲害歲久。比因有事思、田，勢不暇及。至是，公以思、田既平，蘇、受新附，乃因湖廣保靖歸師之便，令布政使林富、副總兵張祐等，出其不意，分道征之。富、祐率右江及思、田兵，進剿八寨諸賊。參議汪必東、副使翁素、僉事汪溱率左江及永、保士兵，進剿斷藤峽諸賊。令該道分巡兵備，隨軍收解紀功御史紀驗册報，及行太監張賜并各鎮巡知會。三月之内，大破其衆，斬獲三千有奇。先生見諸賊巢穴既已掃蕩，而我兵疾疫時行，遂班師奏捷。〇按别録，先生具疏言：「富等呈稱，斷藤峽諸賊犄角屯聚[二]，自國初以來，屢征不服。至天順間，都御史韓雍統兵二十萬，然後破其巢穴，撤兵無何，賊復攻陷潯州，據城大亂，後復合兵，量從剿撫。自後竊發無時，凶惡成性，不可改化。近復乘間縱横，不可支持。至於八寨諸賊，尤爲凶猛，利鏢毒弩，莫當其鋒，且其寨壁天險，進兵無路。自國初都督韓觀嘗以數萬之衆，圍困其地，亦不能破，竟從招撫而罷。厥後興師合剿，一無所獲，反多撓喪。惟成化間，土官岑瑛嘗合狼兵，深入

[一] 延袤周遭　「袤」，底本訛作「褒」，據毛本、全書本改。

[二] 犄角屯聚　「犄」，底本訛作「椅」，據全書本改。

其阻，斬獲二百，已而賊勢大湧，力不能支，當遂退兵，亦從撫罷。自是而後，莫可誰何。比自思、田起事，兩廣煽動，危不可言。今幸朝廷威德宣揚，軍門經略密授，因湖廣之回兵，而利導其順便之勢；作思、田之新附，而善用其報效之機。翕若雷霆，疾如風雨，事舉而遠近不知有兵，敵破而將卒莫測其用。兩地進兵，各不滿八千之衆，而三月報捷，共已踰三千之功。蓋其勞費未及大征十之一，而其斬獲加於大征三之二。兩廣父老皆以爲數十年來未有此舉也。臣等伏念斷藤、八寨諸賊，實爲兩廣渠魁之淵藪根抵，此而不去，兩廣卒無寧宇。況兵部已嘗具疏請，奉有成命，責在臣等。但賊衆勢險，可以計破，難以力攻，欲再俟請命，恐泄機事，難以成功。用是仰遵便宜，相機行事，隨具以聞。今據報捷，蓋不出三月之內，止因湖廣歸師之便，及用思、田報效之衆，卒以掃蕩賊巢，殄除民患。此豈臣等智謀才略之所能及，是皆皇上除患救民之誠心，默贊於天地鬼神，而神武不殺之威，任人不疑之斷，震懾遠邇，感動上下，且廟廊諸臣，咸能推誠協贊，惟國是謀，與人爲善。故臣等得以展布四體，無復顧慮，信其力之所能爲，竭其心之所可盡，動無不宜，舉無不振，諸將用命，軍士效力，以克致此。雖未足爲可稱之功，而朝廷之上，所以能使臣等獲成是功者，實可以爲任人行事之法矣。乃若宣慰彭明輔、彭九霄等，忠義奮發，略無悔怠，即其一念報國之誠，殊有所不可泯者。至於思、田報效頭目盧蘇、王受等，感激朝廷再生之恩，共竭效死之報，且力辭軍餉，以效勤誠，爭先首敵，遂破賊巢。此皆臣所親見者也。留撫思、田布政使林富，已聞都御史之擢，而義激發[一]，必欲督兵破賊，尤人所難。舊任副總兵張祐、參將張經、沈希儀、僉事汪溱、吴天挺、參議汪必東、副使翁素、都指揮謝珮、高崧，及各督哨指揮等官馬文瑞、王勳、彭飛、張恩等、督剿縣丞林應驄、主簿季本，并防截搜捕、調度給餉等知府程雲鵬、蔣山卿、同知桂鏊、史立誠、舒柏、通判陳志敬、徐俊、知州林寬、李東、知縣劉喬、縣丞蕭尚賢等，雖其才猷功績，各有大小等級之殊，而利害勤苦，亦有緩急久暫之異，然當茲炎毒暑雨，瘴疫薰蒸，經冒鋒鏑，出入崎險，固皆同效捍患勤事之績，均有百死一生之危者也。伏望皇上明昭軍旅之政，既行廟堂協贊舉任之上賞，亦録諸臣分職供事之微勞。及宣慰彭明輔等，特加陞奬，以旌其報國之義。土目盧蘇、王受等，亦曲賜恩典，

[一] 而義激發　毛本以及全書卷十五八寨斷藤峽捷音疏「而」下有「忠」字。

或不待三年而遂賜之冠帶，以勵其報效之忠。如此，庶幾功無不賞，而益興忠義之心；賞當其功，而自息僥倖之望矣。臣以迂踈，繆蒙不世之知遇，授以軍旅，假以便宜，自誓此生，鞠躬盡死，以報深恩。今兹之役，本無足言，然亦自幸其無覆敗以免戮辱。但恨身嬰危疾，自後任勞煩難，别具疏請告，乞賜俯允，俾得全復餘生，尚有圖報之日。」

○按別録，是時有書與執政曰：「思、田之議，悉蒙裁允，遂活一方數萬之生靈。近者八寨、斷藤之役，實以生民荼炭既極，不得已而爲之救焚之舉，乃不意遂獲平靖。此非有魏公力主於朝，則金城之議無因而定；非有裴公贊决於内，則淮蔡之績何由而成。今日之事，敢忘其所由來乎？但惟六月徂征，衝冒瘴疫，將士危險，頗異他時，稍得沾濡，亦少慰其勤苦耳。」所謂兵政，國之大事，功賞宜爲後勸，當以實言，不宜自嫌矜伐者也。

疏請經略思、田及八寨、斷藤峽。

初，公既平思、田，乃上疏曰：「『明王奉若天道，建邦設都，樹后王君公，承以大夫師長，不惟逸豫，惟以亂民。』今天下郡邑之設，乃有大小煩簡、中邊流土之不同者，蓋亦因其廣谷大川、風土之異氣，人生其間，剛柔緩急之異稟，服食器用、好惡習尚之異類。是以順其情不違其俗，循其故不易其宜，要在使人各得其所，固亦惟以亂民而已矣。臣以迂庸，繆當兵事於兹土，承制假以撫剿便宜，是陛下之心，惟在於除患安民，未嘗有所意必也。又諭令賊平之後，議設土流孰便，是陛下之心，惟在於安民息亂，未嘗有所意必也。始者思、田梗化，既舉兵而加誅矣。因其悔罪投降，遂復宥而釋之。固亦莫非仰承陛下不嗜殺人之心，惓惓憂閔赤子之無辜也。然而今之議者，或以爲流官之設，中土之制也，已設流官而復去之，則嫌於失中土之制。土官之設，蠻夷之俗也，已去土官而復設之，則嫌於從蠻夷之俗。二者將不能逃於物議，其何以能建事而底績乎？是皆不然。夫流官設而夷民服，何苦而不設流官乎？夫惟流官一設，而夷民因以騷亂，仁人君子，亦安忍寧使斯民之騷亂，而必於流官之設者？土官去而夷民服，何苦而不去土官乎？夫惟土官一去，而夷民因以背叛，仁人君子，亦安忍寧使斯民之背叛，而必於土官之去者？是皆苟避毁譽形迹，但爲周身之慮，而不爲國家思久長之圖者也。其亦安能仰窺陛下如天之仁，固平平蕩蕩，無偏無黨，惟以亂民爲心乎？臣於思、田既平，即承制會總鎮太監張賜、巡按御史石金等，議設土官以順其情[一]，分土目以散其黨，設流官以制其勢。蓋蠻夷之性，譬諸禽獸麋鹿，必欲制之郡縣而繩以漢法，是群麋鹿於堂室，而欲其馴擾帖服，終必觸罇俎，翻几席，狂跳而駭躑矣。故必放之閒曠之區，以順適其獷野之性。今所以仍土官之舊者，是順適其獷野之性也。然一惟土官，而不思有以散其黨與，制其猖獗，是縱麋鹿於田野，而無有乎墻墉之限、豶牙童牿之道，終必奔竄而無以維繫之矣。今所以分立土目者，是墻墉之限、豶牙童牿之道也。然分立土目，而終無聯屬于其間，是麋鹿於苑囿[二]，而無守視之人，以時修其墻墉，禁其群觸，終將踰境遠逝而不知，踐禾稼、决藩籬而莫之省矣。今所以特設流官者，是守苑囿之人也。議既僉同，臣猶以土夷之心未必盡得之，窮山僻壤，或有隱情也，則亦安能保其必行乎？則又備歷思、田之境，因以詢諸其目長，皆以爲善；又詢諸其父老子弟，皆以爲善；又以詢諸其厮役下賤之徒，則又皆以爲善。然後信其可以久行而無弊，乃敢具述以請。」凡爲經略事宜有

[一] 議設土官以順其情　底本「議設」訛作「設議」，據毛本乙正。

[二] 是麋鹿於苑囿　毛本以及全書卷十四處置平復地方以圖久安疏「是」下有「畜」字。

三：特設流官知府以制土官之勢，仍立土官知府以順土夷之情，分設土官巡檢以散各夷之黨，擬府名爲田寧，以應讖謡而定人心。設州治于府之西北，立猛第三子邦相爲吏目，待其有功，漸陞爲知州。分設思恩土巡檢司九，田州土巡檢司十有八，以蘇、受并土目之爲衆所服者世守之。既而復破八寨、斷藤峽，又上疏曰：「臣因督兵，親歷諸巢，見其形勢要害，各有宜改立衛所，開設縣治，以斷其脉絡而扼其咽喉者。若失今不爲，則數年之間，賊復漸來，必歸聚生息，不過十年，又有地方之患矣。臣以遵制便宜，相度舉行。」凡爲經略事宜有六：移南丹衛城于八寨，改築思恩府治于荒田，改鳳化縣治于三里，增設隆安縣治，置流官于思龍以屬田寧，增築守鎮城堡于五屯。事下，本兵持之，户部復請覆勘。學士霍韜等上疏曰：「臣等廣人也。是役也，臣等嘗爲守仁計曰：前當事者，凡若三省兵若干萬，梧州軍門費用軍儲若干萬，復從廣東布政司支用銀米若干萬，殺死疫死官兵土兵若干萬，僅得田州小寧五十日而思恩叛矣。吊岩賊出圍肇慶府，與思、田東西相應，勢甚張。若守仁乘大敗極敝，即合四方兵力，再用銀米數百萬，能平定田州，亦奇功也。今守仁不殺一卒，不費斗米，直宣揚威德，遂使思、田頑叛稽首來服，雖舜格有苗，何以過此。臣是以歎服守仁，不惟能肅將天威，實能誕敷天德也。乃若八寨賊、斷藤峽賊，又非思、田之比。蓋廣西在萬山之叢，土險水迅[一]，諺有之曰：『廣西民三賊七。』蓋由土惡氣悍，雖良民至亦化爲賊。是故八寨賊，在洪武間不能平，斷藤峽賊，天順間都御史韓雍僅能平之，迄今而遺孽復熾。故廣西賊巢，如柳、慶、鬱林、府江諸賊，雖時出掠，官軍亦屢征之。惟八寨賊，則國初至今，未有輕議進兵者。蓋山水凶惡，進兵無路，兵形稍露，賊已先知，一夫控險，萬人莫敵。故八寨爲諸賊淵藪[二]，而斷藤爲八寨羽翼也。廣西有八寨諸賊，猶人有心腹病也，八寨不平，則兩廣無安枕期也。今守仁沉機不露，一舉平之，百數十年豺虎窟穴，掃而清之，如拂塵然，非仰藉神武不殺之威，何以致此。臣等是以歎服守仁，能體陛下之仁，以懷綏思、田向化之民；又能體陛下之義，以討服八寨、斷藤梗化之賊；仁義兩得之也。夫守仁之成功，有八善焉：乘湖兵歸路之便，兵不調而自集，一也。因思、田效命之助，勞而不怨，二也。機出意

[一] 土險水迅　「迅」，底本訛作「近」，據全書卷三十八霍韜地方疏改。

[二] 故八寨爲諸賊淵藪　底本「諸賊」訛作「賊諸」，據毛本、全書本乙正。

外，賊不能遁，所誅者渠惡，非濫殺報功者比，三也。因歸師，無糧運費，四也。一舉成功，民不知擾，五也。平八寨，平斷藤峽，則極惡者先誅，其細小巢穴，可漸德化，得撫剿之宜，六也。八寨不平，則西而柳、慶，東而羅旁、渌水、新寧、思平之賊，合數千里，共爲窟穴。雖調兵數十萬，未易平伏。今八寨平定，則諸賊可以漸次撫剿，兩廣良民可漸安民業，紓聖明南顧之憂，七也。韓雍雖平斷藤峽賊矣，旋復有倡亂者，當時未及區畫其地，爲經久圖，俾餘賊復據巢穴，五十年生聚，則賊熾盛也亦宜。若八寨，乃百六十年所不能誅之劇賊，山川天險，尤難爲功。今守仁既平其巢窟，即徙建城邑以鎮定之，則惡賊失險，後日不能爲變，逋賊來歸，且化爲良民矣。誅惡綏良，得民父母之體，八也。或議守仁奉命有事思、田，乃不剿思、田則亦已矣，遂剿八寨，可乎？臣則曰：『昔吴、楚反，攻梁，景帝詔周亞夫救梁。亞夫不奉詔，而絶吴、楚糧道，遂破吴、楚而平七國，安漢社稷。傳曰：閫以外，將軍制之。又曰：大夫出疆，有可以安國家、利社稷，專之可也。古之道也。是故亞夫知制吴、楚在絶其食道，而不在於救梁，是故雖有詔命，有所不受。今守仁知思、田可以德懷也，遂納其降而安定之；知八寨諸賊未易服也，遂因時仗義而討平之。仁義之用，達天德也。雖無詔命，先發後聞可也，況有便宜從事之旨乎？』或曰：『建置城邑，大事也；區處錢糧，户部職也。不先奏聞而輒興功，可乎？』臣則曰：『古者帝王千里之内自治，千里之外，付之侯伯而已。是豈堯、舜、湯、武反後世不如哉？蓋慮輿圖既廣，知力不及，與其役一己耳目無益於事，孰若以天下才理天下事，爲逸而有功乎？是故帝王在於知人而已。既知其人之賢而任之矣，則事之舉措，一以付之，而責其功成。若功效不孚，乃制其罪可也。今既任之，又從而牽制之，則豪傑何所措手足乎？是故守仁之平八寨也，所殺者賊之渠魁耳，逋逃固未嘗殺也。乘此時機，建置城邑，遂招逋逃之賊復業焉，則積年之賊，皆可化爲良民。失此機會，徹兵而歸，俟奏得旨乃興版築，則賊漸來歸，據險以抗我師，雖築城亦不能矣。昔者范仲淹之守西邊也，欲築大順城，慮敵人爭之，乃先具版築，然後巡邊，急速興工，一月成城。西夏覺而爭之，已不及矣。是何？若俟其奏報，豈不敗事？守仁于建置城邑之役，計之熟矣，錢糧夫役，固不仰足户部而後有處矣。其以一肩而分聖明南顧之憂，可謂賢矣。不以爲功，反以爲過，可乎？』先是宸濠反，江西諸司俛首從賊，惟守仁同御史伍希儒、謝源誓心效忠。不幸奸臣張忠、許泰等欲攘其功，乃揚諸人曰：『守仁初同賊謀。』及公論難掩，乃又曰：『宸濠金帛，俱守仁、希儒、源滿載以去。』當時大學士楊廷和、尚書喬宇，亦忌守仁之功，不與辨白，而黜希儒、源。守仁不辨之謗，至今未雪，可謂冤矣。夫國家論功有二：有開國之臣焉，有定亂之臣焉。開國之臣，成則侯，敗則虜，雖勿崇焉可也。惟禍變倏起，社稷安危，凜乎一髮，效忠定亂之臣則不可忘。何也？所以衛社稷也。昔者守仁之執宸濠也，可謂定亂拯危之功矣，奸人猶或忌之而謗其短。夫如是，則後有事變，誰肯效忠乎？甚矣！小人忌功足以誤國也。臣等是以歎曰：『江西之功不白，無以勸勵忠之臣；廣西之功不白，無以勸策勳之臣；是皆天下慮也。守仁，大臣也，豈以功賞有無爲重輕哉？第恐當時有功之人，視此解體，則在外撫臣，遂無所激勸以爲建功之地耳。』臣等廣人也，目擊八寨之賊，爲地方大患百數十年，一旦仰賴聖明，任用守仁以底平定，不勝慶忭。今兵部功賞未行，户部覆題再勘，臣恐機會一失，大功遂沮，城堡不築，逋賊復據，地方可慮。是故冒昧建言，唯聖明察焉。」○按提督侍郎林富覆議曰：「帝王御極，慮周萬世之防，以通變宜民爲本；威振八蠻之俗，以勸邇略遠爲圖。故事有不必更者，亦有不容不更者。守仁原議遷衛改府，設縣鎮，與土流兼設，無非安邊鬮國、保治防危之計。但當時身在行間，事欲乘時，中間有未暇致詳者。今據僉謀詳覆，固非苟爲異同。其言特設流官知府，似難比思恩之例，止宜降府爲州，以岑邦相爲土知州。及分設土巡檢司，革鳳化縣，而移南丹衛于三里，仍屬南寧，自餘悉如守仁議。」

九月，疏謝獎勵賞賚[一]。

賞思、田功也。有旨：「王守仁受命提督軍務，莅任未久，乃能開誠宣恩，處置得宜，致令叛夷畏服，率衆歸降，罷兵息民，其功可嘉。寫勑，差行人賚去獎勵，還賞銀五十兩，紵絲四表裏，布政司買辦羊酒送用。」本年九月初八日，該行人馮恩賚捧欽賜至鎮，故有謝疏。○與德洪、王畿書：「地方事幸遂平息，相見漸可期矣。近來不審同志敘會如何，得無法堂前今已草深一丈否？想卧龍之會，雖不能大有所益，亦不宜遂爾荒落，且存餼羊，

[一] 疏謝獎勵賞賚「賚」，底本訛作「賫」，據毛本、全書本改。

後或興起，亦未可知。餘姚得應元諸友相與倡率，爲益不小。近有人自家鄉來，聞龍山之講至今不廢，亦殊可喜。書到，望爲寄聲，益相與勉之。九十弟與正憲輩，不審早晚能來親近否？誘掖接引之，諒與人爲善之心，當不俟多喋也。魏廷豹決能不負所托，兒輩或不能率教，亦望相與夾持之。人行匆匆，百不一及，諸同志不能盡列姓字，均致此意。」

十月，疏請告。

先是，公以疾劇上疏請告，具言：「臣以憂病，跧伏田野，六年有餘。蒙陛下賜之再生之恩，錫之分外之福，每思稽首闕廷，一覩天顔，以申其感激之誠。既困疾病，復畏讒譏，未敢一出門庭。君臣大義，天高地厚之恩，每一念及，則哽咽涕下，不知其所以爲心。邇者誤蒙陛下過採大臣之議，授以軍旅重寄，自知才不勝任，病不任勞，輒具疏辭謝。又蒙恩旨慰諭，伏讀感泣，不復能顧其他，即日矢死就道。既而沿途備訪其所以致此變亂之由，熟思其所以經理斡旋之計[一]，乃甚有牴牾矛盾者。而其事勢既以顛覆破

[一] 經理斡旋之計　「斡」，底本訛作「幹」，據毛本改。

漏，如將傾之屋，半溺之舟，莫知所措。惟恐付託不效，以孤陛下生成之德，以累大臣薦舉之明，於是始益日夜危懼，而病亦愈甚。不自意入境以來[一]，旬月之間，不折一矢，不戮一卒，而兩府頑民帖然來服，千里之内，去荆棘而成坦途。其間雖有數處强大賊巢，素爲廣西衆賊之淵藪根柢，屢嘗征討而不克者，亦就永、保歸兵之便，用思、田新附報效之勇，財力不至於大費，小民不及於疲勞，遂皆殲厥渠魁，蕩平巢穴，而方隅寧靖。是皆陛下好生之至德，昭格於上下；不殺之神武，幽贊于神明。是以不言而信，不怒而威，陰宥默相，以克有此。固非愚臣意望之所敢及，豈其知謀才力爲能辦此哉[二]？竊自喜幸，以爲庶得藉此以免于覆敗之戮，不爲諸臣薦揚之累足矣。而臣之病勢，乃日益增劇[三]，百療無施。臣又思之，是殆功過其事，名浮其實，福踰其分，所謂小人而有非望之獲，必有意外之災者也。臣自往年承乏南、贛，爲炎毒所中，遂患咳痢之疾，歲

[一]　不自意入境以來　「境」，底本訛作「竟」，據毛本改。

[二]　爲能辦此哉　「辦」，底本訛作「辨」，據毛本改。

[三]　乃日益增劇　「日」，底本訛作「自」，據毛本改。

益滋甚。其後退休林野，稍就醫藥，而疾亦終不能止。自去歲入廣，炎毒益甚，力疾從事，竣事而出，遂爾不復能興。今已輿至南寧，移卧舟次，將遂自梧道廣，待命于韶、雄之間。夫竭忠以報國，臣之素志也。受陛下之深恩，思得粉身虀骨以自效，又臣之所日夜切心者也。病日就危，而尚求苟全以圖後報，而爲養病之舉，此臣之所以大不得已也。」疏入，未報。

謁伏波廟。

先生十五歲時，常夢謁伏波廟，至是拜祠下，宛然如夢中。謂茲行殆非偶然，因識一詩曰：「四十年前夢裏詩，此行天定豈人爲。徂征敢倚風雲陣，所過如同時雨師。尚喜遠人知向望，却慚無術救瘡痍。從來勝算歸廊廟，耻説兵戈定四夷。」二詩曰：「樓船金鼓宿烏蠻[一]，魚麗群舟夜上灘。月遶旌旗千嶂靜，風傳鈴柝九溪寒。荒夷未必先聲服，神武由來不殺難。想見虞廷新氣象，兩階干羽五雲端。」**是月，與豹書：**「近歲來山中

[一] 樓船金鼓宿烏蠻 「金」，底本訛作「定」，據毛本、全書本改。

講學者，往往多説勿忘勿助，工夫甚難。問之則云：『才著意便是助，才不著意便是忘，所以甚難。』區區因問之云：『忘是忘箇甚麼，助是助箇甚麼？』其人默然無對，始請問。區區因與説我此間講學，却只説箇『必有事焉』，不説『勿忘勿助』。必有事焉者，只是時時去集義。若時時去用必有事的工夫，而或有時間斷，此便是忘了，即須勿忘；時時去用必有事的工夫，而或有時欲速求效，此便是助了，即須勿助。其工夫全在必有事焉上用，勿忘勿助，只就其間提撕警覺而已。若是工夫原不間斷，即不須更説勿忘；原不欲速求效，即不須更説勿助。此其工夫，何等明白簡易，何等灑脱自在。今却不去必有事上用工，而乃懸空守著一箇勿忘勿助。此正如燒鍋煑飯，鍋内不曾漬水下米，而乃專去添柴放火，不知畢竟煑出箇甚麼物來。吾恐火候未及調停，而鍋已先破裂矣。近日一種專在勿忘勿助上用工者，其病正是如此。終日懸空去做箇勿忘，又懸空去做箇勿助，漭漭蕩蕩，全無實落下手處。究竟工夫，只做得箇沉空守寂，學成一箇癡騃漢。纔遇些子事來，即便牽滯紛擾，不復能經綸宰制。此皆有志之士，而乃使之勞苦纏縛，躭閣一生，皆由學術誤人之故，甚可閔矣。夫必有事焉，只是集義，集義只是致良知。説集義，則一時未見頭腦；說致良知，即當下便有實地步可用功處；故區區專說致良知。隨時就事上致其良知，便是格物；著實去致良知，便是誠意；著實致其良知，而無一毫意必固我，便是正心。著實致良知，則自無忘之病；無一毫意必固我，則自無助之病。故說格致誠正，則不必更說箇忘助。孟子說忘助，亦就告子得病處立方。告子强制其心，是助的病痛，故孟子專說助長之害。告子助長，亦是他以義爲外，不知就自心上集義，在必有事焉上用工，是以如此。若時時刻刻就自心上集義，則良知之體，洞然明白，自然是是非非，纖毫莫遯，又焉有『不得於言，勿求於心，不得於心，勿求於氣』之弊乎？孟子『集義』『養氣』之說，固大有功於後學，然亦是因病立方，說得大段。不若大學格致誠正之功，尤極精一簡易，爲徹上徹下，萬世無弊者也。聖賢論學，多是隨時就事，雖言若人殊，而要其工夫頭腦，若合符節。緣天地之間，原只有此性，只有此理，只有此良知，只有此一事耳。」○又與鄒守益書曰：「隨處體認天理，勿忘勿助之説，大約未嘗不是。只要根究下落，即未免捕風捉影。縱令鞭辟向裏，亦與聖門致良知之功尚隔一塵。若復失之毫釐，便有千里之繆矣。世間無志之人，既已見驅於聲利詞章之習，間有知得自己性分當求者，又被一種似是而非之學兜絆羈縻，終身不得出頭。緣人未有真爲聖人之志，未免挾有見小欲速之私，則此種學問，極足支吾眼前得過。是以雖在豪傑之士，而任重道遠，志稍不力，即且安頓其中者多矣。」

祀增城先廟。

先生五世祖諱綱者，死苗難，廟祀增城。是年，有司復新祠宇，先生謁祠奉初蒸。過甘泉先生廬，**題詩於壁**曰：「我祖死國事，肇禋在增城。荒祠幸新復，適來奉初蒸。亦有兄弟好，念言思一尋。蒼蒼蒹葭色，宛隔環瀛深。入門散圖史，想見抱膝吟[一]。賢郎敬父執，童僕意相親。病軀不遑宿，留詩慰慇懃。落落千百載，人生幾知音。道同著形迹，期無負初心。」**又題甘泉居**曰：「我聞甘泉居，近連菊坡麓。十年勞夢思，今來快心目。徘徊欲移家，山南尚堪屋。渴飲甘泉泉，飢滄菊坡菊。行看羅浮雲，此心聊復足。」

與德洪、王畿書：「德洪、汝中書來，見近日工夫之有進，足爲喜慰。而餘姚、紹興諸

[一] 想見抱膝吟　「膝」，底本訛作「滕」，據毛本、全書本改。

同志，又能相聚會講切，奮發興起，日勤不懈，吾道之昌，真有火燃泉達之機矣。喜幸當何如哉！喜幸當何如哉！此間地方悉已平靖，只因二三大賊巢，爲兩省盜賊之根株淵藪，積爲民患者，心亦不忍不爲一除翦，又復遲留二三月，今亦了事矣。旬月間，便當就歸途也。守儉、守文二弟，近承夾持啓迪，想亦漸有所進。正憲尤極懶惰，若不痛加鍼砭，其病未易能去。父子兄弟之間，情既迫切，責善反難，其任乃在師友之間。想平日骨肉道義之愛，當不俟於多囑也。」**與何性之書**：「區區病勢日狼狽，自至廣城，又增水瀉，日夜數行不得止，至今遂兩足不能坐立，須稍定，即踰嶺而東矣。諸友皆不必相候，果有山陰之興，即須早鼓錢塘之舵，得與德洪、汝中輩一會聚，彼此當必有益。區區養病本去已三月，旬日後必得旨，亦遂發舟而東。縱未能遂歸田之願，亦必得一還陽明洞，與諸友一面而別，且後會又有可期也。千萬勿復遲疑，徒躭誤日月。總及隨舟而行，沿途官吏送迎請謁，斷亦不能有須臾之暇，宜悉此意。書至即撥冗，德洪、汝中輩，亦可促之早爲北上之圖。伏枕潦草。」

十一月丁卯，先生卒於南安。

是月廿五日，踰梅嶺至南安，登舟時，南安府推官門人周積見。先生起坐，咳喘不已，徐言曰：「近來進學如何？」積以政對，遂問道體無恙。先生曰：「病勢危亟，所未死者，元氣耳。」積退而迎醫診藥。廿八日晚泊，問：「何地？」侍者對曰：「青龍鋪。」明日，先生召積入，久之，開目視曰：「吾去矣。」積泣下，問先生有何遺言。先生微笑曰：「此心光明，亦復何言。」頃之，瞑目而逝，蓋二十九日辰時也。贛州兵備門人張思聰追至南康，迎入南埜驛，沐浴中堂，飯含如禮。先是先生出廣，布政門人王大用備美材隨舟，思聰親敦匠事，鋪裀設褥，表裏裼襲。門人劉邦采來奔，司事。十二月三日，思聰與官屬師生設祭入棺。明日，輿櫬登舟，士民遠近遮道，哭聲震地，如喪考妣。至贛，提督都御史汪鋐迎祭於道，士民沿途擁哭，如南康。至南昌，巡按御史儲良材、提學副使門人趙淵等，請改歲行。官吏師生，父老子弟，日有奠，憑哭如贛。

八年己丑正月，喪發南昌。

是月連日逆風，舟不能行，趙淵祝於柩曰：「公豈爲南昌士民留耶？越中子弟門人來候久矣。」忽變西風，六日直至弋陽。先是，德洪與畿西渡錢塘，將入京殿試，聞先生歸，遂迎至嚴灘，聞訃。正月三日，成喪廣信，訃告同門。是日，正憲至。初六日，會于弋陽。初十日，過玉山，弟守儉、守文，門人欒惠、黄洪、李珙、范引年、柴鳳至。

二月庚午，喪至越。

四日，子弟門人奠柩中堂，門人飭喪紀。婦人哭門内，孝子正憲携弟正億與親族子弟哭門外，門人哭幕外，朝夕設奠如儀。每日門人來吊者百十人，有自初喪至卒葬不歸者。書院及諸寺院聚會如師存。是時朝中有異議，爵廕贈謚，諸典不行，且下詔禁僞學。詹事黄綰上疏曰：「忠臣事君，義不苟同；君子立身，道無阿比。臣昔爲都事，今少保桂蕚時爲舉人，取其大節，與之交友。及臣爲南京都察院經歷，見大禮不明，相與論列，相知二十餘年，始終無間。昨臣薦新建伯王守仁堪以柄用，蕚與守仁舊不相合，因不謂然，小人乘間構隙，然臣終不以此廢蕚平生也。但臣於事君之義，立身之道，則有不得不明者。臣所以深知守仁者，蓋以其功與學耳。然功高而見忌，學古而人不識，此守仁之所以不容於世也。蓋其功之大者有四：其一，宸濠不軌，謀非一日，内而内臣如魏彬等，嬖幸如錢寧、江彬等，文臣如陸完等，爲之内應；外而鎮守如畢真、劉朗等，爲之外應。故當時中外諸臣，多懷觀望。若非守仁忠義自許，身任討賊之事，不顧赤族之禍，倡義以勤王，運籌以伐謀，則天下安危未可知。今乃皆以爲伍文定之功，是輕發縱而重走狗。豈有兵無勝算，而濠可徒搏而擒者乎？其二，大帽、茶寮、浰頭、桶岡諸賊寨，勢連四省，兵連累歲。若非蚤平，南方自此多事，守仁臨鎮，次第底定。其三，田州、思恩構釁有年，事不得息，民不能已。故起守仁以往，定以兵機，感以誠信，乃使盧、王之徒崩角來降，感泣受杖，遂平一方之難。其四，自來八寨爲兩廣腹心之疾，其間守戍官軍，與賊爲黨，莫可柰何。守仁假永順狼兵，盧、王降卒，并而襲之，遂去兩廣無窮之巨害，寔得兵法便宜之算。夫兵凶戰危，守仁所立戰功，皆除大患，卒之以死勤事。夫兵政，國之大事，宜爲後世法，可以終泯其功乎？其學之大要有三：一曰致良知，實本先民之言，蓋『致知』出於孔氏，而『良知』出於孟軻『性善』之論。二曰親民，亦本先民之言，蓋大學舊本所謂『親民』者，即『百姓不親』之『親』。凡親賢樂利，與民同其好惡，而爲絜矩之道者是已。此所據以從舊本之意，非創爲之説也。三曰知行合一，亦本先民之言，蓋知至至之，知終終之，只一事也。守仁發此，欲人言行相顧，勿事空言以爲學也。是守仁之學，弗詭於聖，弗畔於道，乃孔孟之正傳也，可以終廢其學乎？然以蕚之非守仁，遂致陛下失此良弼，使守仁不獲致君堯舜，誰之過與？臣不敢以此爲蕚是也。況賞罰者，御世之權，以守仁之功德，勞於王事，乃常典不及，削罰有加，廢褒忠之典，倡黨錮之禁，非所以輔明主也。守仁客死，妻子孱弱，家童載骨，藁埋空山，鬼神有知，當爲惻然，臣實不忍見聖明之世有此事也。假使守仁生於異世，猶當追崇，況在今日哉？且永順之衆，盧、王之徒，素慕守仁威德，如此舉措，恐失其望，關繫夷情，亦非細故。臣昔與守仁爲友幾二十年，一日，憤寡過之不能，守仁從而覺之，若有深省，遂復師事之。是臣於守仁，實非苟然相信，如世俗師友者也。臣於君父之前，處師友之間，既有所懷，不敢不盡。昔蕚爲小人所讒，臣爲之憤，既而得白，臣爲之喜，固非臣之私也。今守仁之抱冤，亦猶蕚之負屈。伏望擴一視之仁，特勅所司，優以卹典贈謚，仍與世襲，并開學禁以昭聖政。若此事不明，則蕚之與臣，終不能以自忘。故臣敢言及於此，所以盡事陛下之忠，且以補蕚之過，亦以盡臣之義也。」疏入，不報。於是給事中周延抗疏論列，謫判官。

十一月，葬先生於洪溪。

是月十一日發引，門人會葬者千餘人，麻衣衰屨，扶柩而哭，四方來觀者莫不交涕。洪溪去越城三十里，入蘭亭五里，先生所親擇也。先是，前溪入懷，與左溪會，衝嚙右麓，術者心嫌，欲棄之。有山翁夢神人緋袍玉帶立於溪上，曰：「吾欲還溪故道。」明日，雷雨大作，溪泛，忽從南岸，明堂周闊數百丈，遂定穴。門人李珙等築治，更番晝夜不息者月餘而墓成。

圖書在版編目（CIP）數據

陽明先生年譜：天真書院本 /（明）錢德洪編述；王畿補輯；羅洪先刪正；向輝，彭啓彬點校．— 北京：北京燕山出版社，2022.10

ISBN 978-7-5402-6656-1

Ⅰ．①陽… Ⅱ．①錢… ②王… ③羅… ④向… ⑤彭… Ⅲ．①王守仁（1472-1528）－年譜 Ⅳ．① B248.25

中國版本圖書館 CIP 數據核字 (2022) 第 185384 號

陽明先生年譜：天真書院本

作　　者 向輝 彭啓彬
責任編輯 劉朝霞 馬天嬌
封面設計 黄曉飛
出版發行 北京燕山出版社有限公司
社　　址 北京市豐臺區東鐵匠營葦子坑 138 號
郵　　編 100079
電話傳真 86-10-65240430（總編室）
印　　刷 北京富誠彩色印刷有限公司
開　　本 889*1194 1/32
字　　數 140 千字
印　　張 7.5
版　　別 2022 年 10 月第 1 版
印　　次 2022 年 10 月第 1 次印刷
ISBN 978-7-5402-6656-1
定　　價 68.00 圓